DIESES BUCH GEHÖRT:

Alle Tipps und Informationen in diesem Buch sind sorgfältig
ausgewählt und geprüft. Dennoch können weder Urheber noch Verlag
eine Garantie übernehmen. Eine Haftung für Personen-, Sach- und
Vermögensschäden ist ausgeschlossen.

MIX
Papier aus verantwor-
tungsvollen Quellen
FSC® C002795

5 4 3 2 1   21 20 19 18 17
ISBN 978-3-649-62470-7
© 2017 Coppenrath Verlag GmbH & Co. KG,
Hafenweg 30, 48155 Münster, Germany
CH: Baumgartner Bücher AG, Centralweg 16,
8910 Affoltern a. A.
Alle Rechte vorbehalten, auch auszugsweise
Satz: Alexander Nuißl
Redaktion: Nele Teschler
Printed in Latvia

www. coppenrath.de

Papperla Papp (Hrsg.)

666 KINDER-WITZE

COPPENRATH

Lustiges für den Pausenhof

Die besten

Schülerwitze

Der Lehrer weckt den schlafenden Schüler.
„Ich kann mir nicht vorstellen, dass dies der
richtige Ort zum Schlafen ist!"
Darauf der Schüler freundlich: „Ach, es geht schon,
Herr Lehrer. Sie müssen nur etwas leiser sprechen."

Im Unterricht erklärt der Lehrer:
„Wörter, die mit der Silbe ‚un-' anfangen,
bedeuten meist etwas Schlechtes. Könnt
ihr Beispiele nennen?"
„Unsinn", sagt Leonie.
„Unwetter", ruft Max.
„Unterricht", stöhnt Tom.

„Und, wie viele Rechenaufgaben hatte eure
Klassenarbeit?", fragt der Vater den kleinen Lutz.
„15. Und ich hatte nur eine falsch!"
„Das ist aber toll!", lobt der Vater. „Und was ist mit
den anderen Aufgaben?"
„Dafür hat die Zeit leider nicht gereicht."

In der Lehrerkonferenz sagt der Direktor:
„Das Problem ist, dass unsere Schüler sich
nicht richtig konzentrieren können. Was sollen
wir nur dagegen tun?"
Lehrer Hausmann blickt auf: „Wogegen?"

„Welcher Vogel baut kein eigenes Nest?",
fragt der Lehrer.
„Der Kuckuck", weiß ein Schüler.
„Richtig, und wieso nicht?"
„Weil er in einer Uhr wohnt!"

Die Lehrerin fragt: „Was ist das für ein Fall, wenn
ich sage: ‚Die Schule macht mir Spaß'?"
Marie weiß es: „Das ist ein Ausnahmefall!"

Der kleine Paul fragt seine Lehrerin:
„Kann man eigentlich bestraft werden, wenn
man nichts gemacht hat?"
„Natürlich nicht", antwortet die Lehrerin.
„Super", ruft Paul erleichtert, „ich habe
nämlich meinen Aufsatz nicht geschrieben!"

„Wie ist denn das möglich? Achtzehn Fehler
in deinem Diktat!", schimpft der Vater.
Darauf Franzi: „Das liegt an meinem Lehrer!
Der sucht ja richtig danach ..."

Nach dem ersten Schultag fragt die Oma
ihre Enkelin:
„Und, habt ihr in der Schule denn schon
etwas gelernt?"
„Ja, aber wohl nicht genug. Morgen muss
ich schon wieder hin."

Die Mutter fragt die kleine Mia: „Was habt ihr denn heute in der Schule gemacht?"
„Wir haben tolle Experimente mit Sprengstoff gemacht", antwortet Mia vergnügt.
„Und was macht ihr morgen in der Schule?"
„In welcher Schule?"

Anton braucht Hilfe bei den Hausaufgaben:
„Sag mal, Papi, was ist denn dieser kleinste gemeinsame Nenner?"
„Das weiß ich leider auch nicht", antwortet der Vater, „den haben sie schon gesucht, als ich noch zur Schule gegangen bin."

Nachdenklich betrachtet die Lehrerin den Aufsatz von Florian. „Das sieht doch aus wie die Handschrift deines Vaters!"
„Das kann gut sein", antwortet Florian gelassen. „Ich habe mir nämlich seinen Füller geliehen."

Fritzchens Papagei ist weggeflogen.
„Eigentlich hätte ich es ahnen können", seufzt Fritzchen auf dem Schulhof. „Immer wenn ich für Erdkunde gelernt habe, saß er auf meiner Schulter und hat in den Atlas geschaut."

Elena kommt zu spät zur Schule.
Im Treppenhaus trifft sie die Direktorin.
„Zehn Minuten zu spät!", sagt diese grimmig.
Elena nickt und meint: „Ich auch!"

Karl beschwert sich bei seiner Mutter:
„Unser Kunstlehrer hat echt gar keine Ahnung.
Der weiß nicht einmal, wie eine Giraffe aussieht."
Darauf die Mutter: „Ach, Karl, übertreibst du da
nicht ein bisschen?"
„Nein, bestimmt nicht! Gestern habe ich im Unter-
richt eine Giraffe gemalt, und da hat er mich doch
tatsächlich gefragt, was das sein soll!"

Ein wütender Schüler stellt vor dem Unterricht
seinen Lehrer zur Rede: „Wissen Sie, ich finde auch
nicht alles gut, was Sie machen! Aber renne ich
deswegen sofort zu Ihren Eltern?"

Im Musikunterricht sagt die Lehrerin:
„Jonas, sing doch bitte mal ein F."
Jonas singt.
„Und nun bitte ein C."
Jonas singt auch das C.
„Und jetzt G!"
„Wenn Sie meinen", sagt Jonas, nimmt seine Schul-
tasche und geht.

Aus dem Klassenzimmer der 3b ist ein Höllen-lärm zu hören. Der Direktor stürmt in die Klas-se, schnappt sich den größten Schreihals und bringt ihn in seine eigene Klasse. Nach einer Weile klopft ein Schüler an: „Herr Direktor, könnten wir jetzt bitte unseren Mathelehrer wiederhaben?"

Robins Mutter fragt beim Elternabend:
„Finden Sie nicht, dass mein Sohn sehr begabt ist und viele originelle Ideen hat?"
„Aber ja", stimmt der Lehrer zu. „Vor allem in der Rechtschreibung."

Der Lehrer stellt eine Frage:
„Toni, was ist weiter von der Erde entfernt? Der Mond oder Afrika?"
„Afrika!", antwortet Toni prompt.
„Aber wie kommst du denn darauf?"
„Den Mond kann ich jeden Abend vom Fenster aus sehen – Afrika nicht."

Moritz muss zur Strafe einhundert Mal ‚Ich darf den Lehrer nicht duzen!' schreiben. Er schreibt es sogar zweihundert Mal und der Lehrer will wissen, warum.
„Weil ich dir eine Freude machen wollte."

Der Lehrer tadelt David: „Hör zu, David, es gibt zwei Wörter, die ich nie wieder in deinen Aufsätzen lesen möchte. Das eine ist ‚saucool‘ und das andere ‚ultrakrass‘!"
David nickt verständnisvoll und meint: „Alles klar. Und wie heißen diese beiden Wörter?"

Die Lehrerin fragt wütend: „Tim, kaust du etwa schon wieder Kaugummi?"
„Ja, aber ..."
„Los, sofort in den Papierkorb!"
„Den Kaugummi auch?"

Jim war zwei Tage nicht in der Schule. Am dritten Tag überreicht er dem Lehrer seine Entschuldigung:
„Hiermit entschuldige ich das Fehlen meines Sohnes. Er war wirklich sehr krank. Hochachtungsvoll, Meine Mutter."

Jonas kommt fünf Minuten zu spät zur Schule und wird sofort von der Lehrerin getadelt. Darauf Jonas: „Das ist unfair! Sie sagen doch immer: Zum Lernen ist es nie zu spät!"

Frau Apfelbaum fragt den neuen Schüler:
„Wie heißt du denn?"
„Florian Schmitz."
„Und dein Alter?"
„Wilhelm Schmitz."

Christian fragt seinen Mitschüler:
„Warum weint denn dein kleiner Bruder?"
„Heute gab es doch Herbstferien und er hat keine
bekommen."
„Aber warum denn nicht?"
„Weil er ja noch gar nicht zur Schule geht!"

„Welche Form hat die Erde?", will der Lehrer
wissen.
Nadine meldet sich: „Die Erde ist rund."
„Und woher weißt du das?"
„Nun ja, vielleicht ist sie auch quadratisch. Ich
möchte mich mit Ihnen wirklich nicht über
Kleinigkeiten streiten."

Die Lehrerin fragt Fritzchen: „Was kannst du mir über das Tote Meer erzählen?"
Fritzchen ruft erschrocken: „Ich habe ja nicht einmal gewusst, dass es krank war!"

Lehrer Krummbein stellt eine Aufgabe:
„Wenn deine Mutter einen Pullover für 120 Euro und ein Hemd für 150 Euro kaufen würde, was würde das ergeben?"
Nina antwortet: „Einen Mordskrach mit Papa!"

„Emil, wenn ich dir sechs Kekse gebe, und du sollst sie mit deiner Schwester teilen, wie viele Kekse bekommt deine Schwester dann?"
„Zwei", antwortet Emil.
„Ja, aber kannst du denn nicht rechnen?", fragt der Lehrer.
„Ich schon", meint Emil, „aber meine Schwester noch nicht."

Der Lehrer ermahnt Luise:
„Das Einmaleins muss wie aus der Pistole geschossen kommen! Wie viel ist 2 mal 2?"
Luise: „Peng, peng, peng, peng!"

Der Mathelehrer erklärt: „Wenn ich dieses
Papier in vier Teile zerreiße, dann habe ich
Viertel. Wenn ich es in acht Teile zerreiße, habe
ich Achtel. Was habe ich, wenn ich es in tausend
Teile zerreiße?"
Die Klasse im Chor: „Konfetti!"

„Vier mal vier ist sechzehn, sechs mal sechs
ist sechsunddreißig. Was ist aber dreizehn mal
dreizehn?"
„Das habe ich gern, Herr Lehrer", empört sich
Frederik, „die leichten Aufgaben lösen Sie selbst
und die schweren überlassen Sie mir."

„Wer kennt ein Tier ohne Knochenbau?", fragt
Herr Eimermann die Klasse.
Elsa weiß es: „Ein Wurm!"
„Sehr gut", lobt Herr Eimermann. „Und wer
weiß noch ein Tier ohne Knochenbau?"
Diesmal meldet sich Ole: „Noch ein Wurm."

Im Biologieunterricht:
„Wie viele Ferkel kann ein Schwein werfen?"
Darauf Sven: „Meinen Sie jetzt, wie weit oder wie
hoch?"

 Der Lehrer möchte wissen:
„Wie heißt die Mehrzahl von Sandkorn?"
„Wüste!", kommt es aus der Klasse.

Im Erdkundeunterricht lernen die Schüler, dass Italien ungefähr tausend Kilometer von Deutschland entfernt ist. Da empört sich Johanna: „Na klar, und da behauptet der Mario, er würde aus Italien kommen. Dabei kommt er doch jeden Tag mit dem Fahrrad zur Schule."

Ingo will morgens einfach nicht aufstehen.
„Keine Diskussion, Ingo, du musst zur Schule!"
„Ich will aber nicht! Die Schüler mögen mich nicht, die Lehrer finden mich doof und auch der Hausmeister kann mich nicht leiden."
„Keine Ausreden mehr! Du bist der Direktor und du gehst zur Schule!"

Lehrer: „Wo liegt Bayern?"
Schüler: „Auf Tabellenplatz 2!"

Die Lehrerin schreibt den Satz ‚Anna kauft eine blaue Hose' an die Tafel und fragt:
„Wo ist das Subjekt?"
Nico: „Im Geschäft."

Der Lehrer fragt Basti:
„Welche Sinne sind dir bekannt?"
Das weiß Basti sofort: „Schwachsinn, Blödsinn und
Unsinn."

„Warum musstest du denn heute nachsitzen?",
fragt der Vater.
„Weil ich mich geweigert habe, jemanden zu
verpetzen."
„Aber das ist doch nur fair von dir", findet der
Vater. „Worum ging es denn?"
„Der Lehrer wollte unbedingt wissen, wer der
Mörder von Julius Cäsar war!"

Im Lehrerzimmer: „Was stört euch mehr an den
Schülern, Unwissenheit oder Gleichgültigkeit?"
„Weiß ich nicht, ist mir aber auch egal."

„Warum schreibst du denn so schnell, Mirko?"
Mirko antwortet: „Weil meine Tinte gleich leer
ist."

„Sag mal, Leni, hattest du die Masern auch so
schlimm wie dein Bruder?"
„Noch viel schlimmer", jammert Leni.
„Ich hatte sie in den Ferien!"

Der kleine Karl steht weinend auf dem Schulhof.
„Was hast du denn?", fragt die Lehrerin.
„Der Anton hat mein Pausenbrot runtergeworfen!",
jammert Karl.
„Mit Absicht?"
„Nein, mit Käse."

Die Mutter fragt: „Wo ist denn dein Zeugnis,
Marlene?"
Das Mädchen antwortet: „Das habe ich
Lisa mitgegeben. Sie will damit ihre Eltern
erschrecken!"

„Nun beweise mir mal, warum die Erde rund ist und
sich um sich selbst dreht", fordert der Lehrer Basti
auf.
„Entschuldigen Sie, aber das habe ich nun wirklich
nie behauptet!"

Felix kommt aus der Schule und überreicht den
Eltern sein Zeugnis mit den Worten:
„Hier ist mein Zeugnis und Fernsehen gucken
macht mir eh keinen Spaß mehr."

Nach dem Unterricht geht Leon zu seinem Lehrer
und sagt: „Meine Eltern haben mir 50 Euro versprochen, wenn ich ein gutes Zeugnis nach Hause brin-
ge. Hier meine Idee: Sie schreiben gute Noten und
wir teilen die Kohle."

Der Direktor liest die Bemerkungen im Klassenbuch. „Sag mal, Jonas, wie schaffst du es eigentlich, an einem einzigen Tag so viel Unsinn zu machen?"
Darauf Jonas: „Ich stehe ganz früh auf, Herr Direktor."

Theo ist neu in der Klasse. „Wie heißt du mit Nachnamen?", fragt der Lehrer.
„Beyer ohne F."
„Aber in Beyer kommt doch gar kein F vor!"
„Das habe ich doch gerade gesagt."

„Greta, du hast dieselben elf Fehler im Diktat wie dein Tischnachbar. Kannst du mir das erklären?", schimpft Lehrer Hausmann.
„Ganz einfach", antwortet Greta, „wir haben den gleichen Lehrer!"

Im Biologieunterricht erklärt die Lehrerin, dass sich viele Tiere ihrer Umwelt anpassen.
„Wer kann mir ein Beispiel nennen?"
Ronja meldet sich: „Das Huhn! Es legt die Eier sofort in der Größe der Eierbecher."

Die Klasse 4c soll einen Aufsatz zum Thema „Mein Haustier" schreiben. Kurz darauf beschwert sich die Lehrerin: „Frieda, dein Aufsatz ist ja exakt der gleiche wie der von deiner Schwester!"
„Kein Wunder", sagt Frieda. „Ist ja auch die gleiche Katze!"

„Ich schwimme, du schwimmst, er schwimmt, wir schwimmen – was ist das für eine Zeit?", fragt der Lehrer. Lisa meldet sich: „Schwimmunterricht."

Fritzchen schreibt eine Postkarte von der Klassenfahrt: „Hier ist es so kalt, dass ich beim Zähneputzen nur die Bürste halten muss. Den Rest machen die Zähne ganz allein."

Rosa und Linus treffen sich an der Bushaltestelle.
„Mit welchem Bus fährst du?", fragt Linus.
„Mit der Linie 3. Und du?"
„Mit der Linie 6."
In diesem Moment fährt ein Bus mit der
Nummer 63 vor.
„Super", freut sich Rosa, „dann können wir ja
zusammen fahren!"

Finn fährt mit dem Bus zur Schule.
„Willst du denn nicht für mich aufstehen?",
fragt eine alte Dame.
„Nein danke, den Trick kenne ich. Wenn ich
aufstehe, setzen Sie sich hin und mein Platz
ist weg!"

„Wenn dein Vater wüsste, wie faul du in der Schule
bist, würde er bestimmt graue Haare bekommen",
sagt der Lehrer zu Stefan.
„Da würde sich mein Vater aber freuen. Er hat
nämlich eine Glatze."

Paul hat im Diktat das Wort „Löwe" klein-
geschrieben.
„Ich habe dir schon so oft gesagt, dass man
alles großschreibt, was man anfassen kann",
tadelt die Lehrerin.
„Glauben Sie etwa, dass ich einen Löwen
anfasse?"

„Wie heißt die Befehlsform von schweigen?"
„Pssst!"

Die Lehrerin ärgert sich: „Wie konntest du
Fisch nur mit V schreiben, Paul?"
Darauf Paul: „Mit dem Füller."

Auf dem Schulhof fragt Marc seinen Freund entrüstet:
„Wie konntest du nur allen erzählen, dass ich ein
Trottel bin?"
„Oh entschuldige, mir war nicht klar, dass diese
Tatsache ein Geheimnis ist ..."

In der Klasse tritt die Lehrerin Lasse, einem Bau-
ernsohn, auf den Fuß. Sie entschuldigt sich sofort
bei dem Schüler. Darauf dieser: „Ach, das macht
doch nichts! Das kenne ich schon. Mir ist schon so
manche Kuh auf den Fuß getrampelt."

Benni freut sich: „Mein Sportlehrer hat gesagt, ich
könnte ein toller Fußballspieler sein. Mir stehen
nur zwei Dinge im Weg."
„Und welche?", fragt Alex.
„Meine Füße."

Der Zahnarzt kommt heute in die Schule.
Völlig entsetzt schaut er in Sandras Mund und
sagt: „Herrje! In meinem ganzen Leben habe
ich noch nie so ein großes Loch gesehen ... Loch
gesehen ...“
„Schon gut“, knurrt Sandra. „Das brauchen Sie
nicht gleich zweimal zu sagen.“
„Zweimal?“, fragt der Zahnarzt erstaunt. „Das
war das Echo!“

„Jetzt werde ich dir mal erzählen, was für ein guter
Schüler ich damals war“, sagt der Vater zu seinem
Sohn. Der ruft laut nach seiner Schwester: „Anni,
komm schnell, der Papa erzählt jetzt ein Märchen!“

„Wieso fliegen viele Vögel im Winter in den
Süden?“, fragt der Lehrer.
„Weil sie die weite Strecke nicht laufen wol-
len!“, antwortet Trudi.

Lotti kommt mit einer schmutzigen Hose aus der
Schule. „Wie siehst du denn aus?“, ruft die Mutter
erschrocken.
„Ich bin in eine Pfütze gefallen“, klagt Lotti.
„Mit der neuen Hose?“
„Ja“, meint Lotti. „Ich hatte keine Zeit, sie vorher
noch auszuziehen.“

Der Lehrer schimpft: „Nadine, du hast ja deine Hausaufgaben nicht gemacht! Luisa, wie sieht es mit dir aus?"
Luisa: „Also, wir machen unsere Hausaufgaben immer zusammen ..."

Der Lehrer mahnt: „Kinder, kommt weg vom offenen Fenster. Wenn einer rausfällt, will es nachher wieder keiner gewesen sein."

Die Schulsekretärin beklagt sich beim Direktor: „Wir haben keinen Platz mehr in den Büros. Sollen wir nicht die uralten Zeugnisse und Akten vernichten?"
Darauf der Direktor: „Gute Idee, aber machen Sie vorher von allem eine Kopie."

Der Lehrer fragt: „Wer kann mir den Begriff ‚Nichts' erklären?"
Der kleine Hans weiß es: „Nichts ist ein Luftballon ohne Hülle."

„Na, Paula, wie gefällt es dir in der Schule?"
„Ach, eigentlich ganz gut. Aber es ist irgendwie schade, dass unser Lehrer so wenig weiß. Andauernd stellt er Fragen."

Auf der Klassenfahrt freut sich der dumme August über den Spiegel in seinem Zimmer. Er schickt ihn an seine Eltern mit den Worten:
„Die Herbergsmutter ist echt nett! Sie hat sogar ein Bild von mir aufgehängt!"
Sein Vater liest den Brief, packt den Spiegel aus, schaut hinein und stellt fest:
„Oje, sieht unser Sohn aber alt aus."
„Kein Wunder", klagt die Mutter und schaut ihm über die Schulter. „Wenn diese fürchterliche Herbergsmutter die ganze Zeit in seiner Nähe ist!"

Elias ist neu in der Klasse und fragt seinen Sitznachbarn: „Wann macht ihr immer Pause?" Der antwortet leise: „Nie. Wir schlafen durch!"

Lehrer: „Jacob, komm mal nach vorne und zeig uns auf der Landkarte, wo Amerika liegt!"
Jacob zeigt genau die richtige Stelle.
Der Lehrer ist zufrieden: „Sehr gut, Jacob! Und wer hat Amerika entdeckt?"
Da ruft die Klasse im Chor: „Das war Jacob!"

„Hast du schon mal etwas von Rechtschreibung gehört?", will die Lehrerin nach dem Diktat von Johannes wissen.
„Nein, ich bin doch Linkshänder."

Der Lehrer hat eine Idee: „Ich stelle euch jeden Morgen eine Frage. Wer diese Frage korrekt beantworten kann, hat den Rest des Tages frei. Also los: Wie viel Liter Wasser führt der Bodensee?"
Keiner weiß es. Am nächsten Morgen stellt der Lehrer wieder eine Frage: „Wie viele Sandkörner gibt es in der Sahara?" Wieder kennt niemand die Antwort.
Am nächsten Morgen findet der Lehrer ein Eurostück auf dem Pult und fragt: „Wem gehört dieser Euro?"
Fritzchen schreit: „Mir! Dann tschüss und bis morgen!"

Die Schule brennt lichterloh. Der Direktor schreit entsetzt: „Seid ihr völlig verrückt? Ihr könnt doch kein Papier in die Flammen werfen!"
„Keine Sorge, Herr Direktor!", rufen die Kinder. „Das ist doch Löschpapier!"

Im Chemieunterricht:
„Was ist flüssiger als Wasser?"
Caro weiß es: „Hausaufgaben! Die sind überflüssig!"

„Sag mal, Papa, kannst du deinen eigenen Namen ganz schnell schreiben?"

„Aber sicher, mein Sohn."

„Und kannst du das auch mit geschlossenen Augen?"

„Na klar."

„Okay, dann mach jetzt mal fest die Augen zu und unterschreib ganz schnell mein Zeugnis."

Der Lehrer zum kleinen Max:
„Ich habe gehört, du hast ein Brüderchen bekommen. Wie heißt er denn?"
„Das wissen wir nicht, Herr Lehrer, er spricht noch so undeutlich."

Die Klasse soll einen Aufsatz zum Thema Faulheit schreiben. Der kleine Patrick gibt nur ein leeres Blatt Papier ab.

„Patrick, du hast ja gar nichts geschrieben!", sagt die Lehrerin.

„Oh doch", sagt Patrick, „drehen Sie das Blatt mal um."

Die Lehrerin schaut auf die Rückseite und liest: „Das ist Faulheit."

Am Freitagmorgen schimpft der Lehrer:
„Lotte, das ist jetzt das fünfte Mal diese
Woche, dass du zu spät in den Unterricht
kommst! Was hast du dazu zu sagen?"
„Es wird diese Woche bestimmt nicht mehr
vorkommen, Herr Lehrer."

Mitten im Unterricht: „Wenn die Clowns in der dritten Reihe bitte so leise wären wie die Comicleser in
der zweiten Reihe, dann könnten die Schüler in der
ersten Reihe ungestört weiterschlafen!"

„Was ist wichtiger für uns, die Sonne oder der
Mond?", will die Lehrerin wissen.
Niklas weiß es: „Natürlich der Mond! Denn der
leuchtet in der Nacht, wenn es dunkel ist. Am
Tag ist es ja sowieso hell."

Der Lehrer schreibt 2 : 2 an die Tafel und fragt:
„Was macht das?"
Darauf die Klasse im Chor: „Unentschieden!"

Die Lehrerin fragt Mia: „Sag mal, was ist denn mit deiner Mutter passiert?"
„Sie ist gestern plötzlich ohnmächtig geworden! Wir sind mit dem Rettungswagen ins Krankenhaus gefahren!"
„Oje, das tut mir aber leid", sagt die Lehrerin.
„Na ja, sie ist aber auch selber schuld", knurrt Mia. „Wieso musste sie auch in meinem Tagebuch lesen?"

Gespräch zwischen zwei Schülern auf dem Schulhof.
„Musst du auch immer vor dem Essen beten?", fragt der eine. „Nein", sagt der andere. „Meine Mutter kocht ganz gut."

Leon freut sich: „Mama, morgen haben wir keine Schule. Unser Lehrer verreist!"
„Ach, ehrlich, wohin verreist er denn?"
„Keine Ahnung", meint Leon. „Er hat nur gesagt: Schluss für heute! Morgen fahre ich fort!"

Lehrer: „Wie nennt man Lebewesen, die teils im Wasser und teils auf dem Lande leben?"
Schüler: „Badegäste!"

Michael stürmt 10 Minuten zu spät in den Klassenraum:
„Ich bin von Räubern überfallen worden!"
„Und was hat man dir geraubt?"
„Gott sei Dank nur die Hausaufgaben!"

„Was ist Wind?", fragt die Lehrerin.
„Das ist Luft, die es eilig hat."

Die Lehrerin fragt den kleinen Mats: „Was möchtest du denn später werden, wenn du groß bist?" Darauf Mats: „Erst werde ich Arzt, das will Mama. Dann werde ich Pilot, das will Papa. Dann werde ich Pfarrer, weil das die Oma will. Und dann werde ich Indianer, weil ich das will!"

Der kleine Marvin fragt den Direktor:
„Wachsen Sie eigentlich immer noch?"
„Wie kommst du denn darauf?", fragt der Direktor.
„Ihr Kopf guckt ja schon aus den Haaren raus!"

„Jonas, was ist die Zukunftsform von ‚ich stehle'?"
Darauf Jonas: „Ich sitze im Gefängnis."

Fragt der Lehrer: „Wie viele Einwohner hat Deutschland?"
Der Schüler stammelt: „Ja ... ähm ... also ..."
Der Lehrer ungeduldig: „Nun beeil dich etwas. Je länger du wartest, umso mehr werden es!"

Das Aufsatzthema lautet: Unser Hund. Die kleine Britta überlegt kurz und schreibt:
„Wir haben keinen."

Diktat in der 4b.
„Kann ich mal deinen Füller haben?", flüstert Jens seinem Nachbarn zu.
„Warum? Du hast doch selber einen."
Darauf Jens: „Ja schon, aber meiner macht so viele Fehler!"

Im Deutschunterricht:
„Sam, nenne mir bitte zwei Pronomen."
Sam schreckt hoch: „Wer? Ich?"
„Richtig, sehr gut!"

„Man nennt mich Lehrer, weil ich euch so vieles lehre!" Darauf antwortet die kleine Lina:
„Ach so, dann ist mein Vater also ein Schuft, weil er so viel schuftet!"

„Wer von euch hat ein Haustier mit besonderen Eigenschaften?", möchte die Lehrerin wissen.
Björn meldet sich: „Ich habe eine Schildkröte, die wie ein Hund gehorcht."
„Das ist ja toll!", freut sich die Lehrerin.
„Na, so toll auch wieder nicht!", meint Björn. „Wenn ich ihr befehle, meine Pantoffeln zu holen, dann dauert das zwei Stunden!"

Lehrer: „Wie viel muss deine Familie bezahlen, wenn sie dem Metzger 20 Euro, dem Bäcker 15 Euro und dem Lebensmittelmarkt 50 Euro schuldet?"
„Das weiß ich nun wirklich nicht", antwortet der Schüler. „Wir ziehen dann nämlich immer um!"

Fritzchen kommt zur Schule und sagt:
„Ich habe ein weißes Pferd gesehen."
„Das ist ein Schimmel, Fritzchen", belehrt ihn die Lehrerin. Am nächsten Tag sagt Fritzchen: „Frau Lehrerin, ich habe ein schwarzes Pferd gesehen."
Darauf die Lehrerin: „Das ist ein Rappe, Fritzchen."
Am nächsten Tag ruft Fritzchen aufgeregt: „Heute habe ich eine Kuh gesehen, die war vorne rappelig und hinten schimmelig!"

In der Turnhalle ruft der ungeduldige
Sportlehrer:
„Sascha, hast du endlich deine Turnschuhe an?"
„Ja", ruft Sascha zurück, „alle, bis auf einen!"

Lehrer: „Wie viele Erdteile gibt es?"
Schüler: „Sechs!"
Lehrer: „Geht das auch etwas genauer?"
Schüler: „Eins, zwei, drei, vier, fünf und sechs!"

Während der Klassenarbeit schimpft der
Lehrer: „Sarah, jetzt reicht es aber! Du sollst
nicht bei deinem Nachbarn abschreiben!"
„Was heißt denn hier abschreiben?", sagt Sarah
erstaunt. „Ich gucke doch nur, ob er alles richtig hat!"

Lehrer: „Wer kann mir fünf Tiere aus Afrika nennen?"
Schüler: „Eine Antilope und vier Löwen."

Die Lehrerin fragt:
„Lotte, wie alt ist deine Oma?"
„Das weiß ich nicht genau", antwortet Lotte,
„aber wir haben sie schon sehr lange."

Da lachen ja die Hühner

Tierisch lustige Witze

Ein Mann sitzt mit seinem Hund im Kino. Der Hund lacht sehr über den Film. „Sie haben aber einen komischen Hund", sagt die Sitznachbarin.
„Ja, das finde ich auch", sagt der Mann. „Das Buch zum Film hat ihm nämlich gar nicht gefallen!"

Im Herbst sitzen zwei Braunbären vor ihrer Höhle und sehen fasziniert zu, wie die Blätter von den Bäumen fallen. Da sagt der eine Bär: „Irgendwann lasse ich den Winterschlaf ausfallen und gucke mir den armen Kerl an, der im Frühling wieder alle ankleben muss."

„Würden Sie bitte den Hund streicheln?", fragt Marlene einen älteren Herrn.
„Ja, natürlich!", antwortet dieser sofort. „Du bist wohl sehr stolz auf deinen Hund, was?"
„Nein", sagt Marlene, „ich wollte nur sehen, ob er beißt."

Zwei Käfer beobachten eine Spinne, die gerade ihr Netz webt.
„Was macht sie da wohl?", fragt der eine Käfer irritiert.
„Also, wenn du mich fragst: Die spinnt."

Ein wütender Nachbar fragt den Hunde-
besitzer: „Ist das eigentlich Ihr Hund, der
da jede Nacht bellt?"
„Ja, natürlich, ich selbst schlafe nachts!"

Der kleine Enkel fragt neugierig:
„Oma, möchtest du vielleicht einen Dackel haben?"
„Nein, mein Schatz."
„Okay, und jetzt fragst du mich!"

Ein dicker Hamster trifft einen dünnen Hamster. Der dicke Hamster stellt fest: „Wenn man
dich so anschaut, könnte man meinen, eine
Hungersnot wäre ausgebrochen."
„Und wenn man dich sieht", antwortet der
dünne Hamster entrüstet, „könnte man meinen, du wärst daran schuld."

Ein Regenwurm sagt zu seiner Verlobten:
„Wenn du mich nicht auf der Stelle heiratest, werfe
ich mich vor ein Huhn!"

Der Kommissar staunt: „Dieser zottelige Köter soll ein Polizeihund sein?"
„Ach, der verstellt sich nur. Er ist beim Geheimdienst."

Im Stall fragt ein Pferd das andere: „Warum hüpfst du denn die ganze Zeit auf und ab?"
„Ich habe gerade meine Medizin bekommen, und der Stallbursche hat vergessen, die Flasche zu schütteln!"

Die Hasenmutter ermahnt ihren Sohn:
„Du darfst aber nicht alle Karotten allein essen! Denk doch mal an all deine Geschwister hier im Stall."
Schmatzend antwortet der kleine Hase:
„An die denke ich schon die ganze Zeit. Rate mal, warum ich so schnell fresse!"

☆

Herr Hampel läuft mit einem Pinguin im Arm durch die Stadt. „Wo haben Sie denn den Pinguin her?", fragt eine Dame verwirrt.
„Der ist mir zugelaufen", antwortet Herr Hampel.
„Was soll ich nur mit ihm machen?"
„Gehen Sie mit ihm in den Zoo", rät die Dame.
Später treffen sich die beiden wieder. Herr Hampel trägt immer noch den Pinguin im Arm.
„Ich habe Ihnen doch geraten, in den Zoo zu gehen!"
„Ja", sagt Herr Hampel, „da waren wir auch und hatten viel Spaß. Jetzt gehen wir ins Kino."

In der Polizeiwache klingelt das Telefon:
„Hilfe, kommen Sie schnell! Hier ist eine Katze in der Wohnung! Es geht um Leben und Tod!"
„Wer spricht denn da?", fragt der Polizist.
„Der Papagei!"

„Ich gehe nie zum Bahnhof", erklärt das Känguru.
„Warum denn nicht?"
„Zu viel Angst vor Taschendieben!"

Maus und Elefant verbringen den Tag im Freibad. Der Elefant planscht schon fröhlich im Wasser, doch die Maus steht noch ganz aufgeregt am Beckenrand. Nach einer Weile ruft sie: „He, Elefant, komm mal kurz raus!" Langsam kommt der Elefant aus dem Wasser, doch da ruft schon die Maus: „Ach, schon gut, du kannst wieder ins Wasser gehen! Ich kann meine Badehose einfach nicht finden und wollte nur mal schauen, ob du sie vielleicht anhast!"

Frau Wischmeier kommt in eine Zoohandlung. Sie schaut sich alle Tiere an, bleibt vor dem Papageienkäfig stehen und fragt: „Na, du bunter Vogel, kannst du denn auch sprechen?"
Der Papagei darauf: „Na, du alte Krähe, kannst du denn auch fliegen?"

Im Park schnuppern zwei Hunde an derselben Parkbank. Der elegante Königspudel stellt sich vor: „Ich bin adelig und heiße Frido von der Königsallee. Und wer bist du?"
Darauf antwortet der zottelige Mischlingsrüde: „Ich bin auch adelig. Man nennt mich Runter vom Sofa!"

Der Großvater schwelgt in Erinnerungen und erzählt seiner Enkelin: „Damals in Russland wurde ich von sechs Wölfen angegriffen!"
„Aber, Opa, letztes Jahr hast du gesagt, es seien zwei Wölfe gewesen!"
„Ach Kind, da warst du auch noch zu jung, um die ganze Wahrheit zu erfahren."

Der Tierarzt behandelt einen hustenden Elefanten. Er verschreibt ihm Schnaps, mit Wasser verdünnt. Nach einigen Tagen erkundigt sich der Tierarzt beim Pfleger:
„Hat es denn geholfen?"
„Dem einen Elefanten schon", antwortet der Pfleger. „Aber jetzt husten alle anderen auch!"

Im Zirkus sitzt Löwe Olli zufrieden neben dem erloschenen Feuerreifen. Der Zirkusdirektor jammert: „Du sollst springen, nicht pusten!"

Die kleine Schildkröte klettert mühselig auf einen Baum. Oben angekommen, springt sie ab und streckt ihre Beinchen aus. Sie prallt heftig auf den Boden und macht sich sofort wieder auf den Weg nach oben. Sie springt erneut und landet wieder jämmerlich am Boden. Das Drama wiederholt sich noch einige Male. Ein Taubenpärchen beobachtet alles. Sie zu ihm: „Ich glaube, es ist an der Zeit, ihm zu sagen, dass er adoptiert ist."

Herr Sattelmann klagt: „Mein Hund jagt ständig Leute auf dem Fahrrad."
„Und was wollen Sie dagegen unternehmen?"
„Na, ich werde ihm das Fahrrad wohl besser wieder wegnehmen …"

Kommt ein Mann in eine Bar und sieht, dass ein Pferd am Tresen die Getränke ausschenkt. „Na, gibt es ein Problem? Hast du noch nie ein Pferd gesehen, das in einer Bar arbeitet?" Darauf der Mann: „Nein, nein … das ist es nicht, Kumpel. Ich kann nur nicht glauben, dass der Pinguin die Bar verkauft hat."

Im Zug tropft es aus einem Rucksack. Ein Reisender probiert mit dem Finger.
„Alter Cognac?", fragt er den Besitzer.
„Nein, junger Dackel."

„Dein neuer Hund sieht aber gefährlich aus! Wo hast du den denn her?"
„Der ist mir im Afrika-Urlaub zugelaufen. Ich muss ihm nur hin und wieder die Mähne kürzen."

Im Café sagt eine Dame zum Herrn am Nachbartisch: „Nehmen Sie sofort Ihren Köter weg! Ich spüre ja schon die Flöhe springen!"
Der Mann darauf entsetzt zu seinem Hund: „Komm da weg, Waldi, die Dame hat Flöhe!"

„Frau Dickmann hat ihrer Katze 10.000 Euro vererbt."
„Ja, aber der Wellensittich will das Testament anfechten."

Ein Elefant setzt sich aus Versehen auf einen Ameisenhaufen. Die Ameisen krabbeln auf ihn, um ihren Bau zu verteidigen. Aber der Elefant schüttelt sich nur und alle Ameisen fallen herunter. Nur eine klammert sich am Hals des Elefanten fest. Die anderen rufen begeistert: „Los, Udo, würg ihn!"

Ein Hund trifft einen anderen im Supermarkt. Der ist schwer beladen mit Einkaufstüten.
„Herrje, was schleppst du denn da alles?"
Knurrt der andere: „Es begann alles damit, dass ich hin und wieder die Zeitung geholt habe ..."

„Mein Pferd schielt", beschwert sich Sandra bei ihrer Freundin.
„Wie kommst du denn darauf?"
„Es frisst immer zuerst die Äpfel vom Nachbarn."

„Wo ist denn eure Katze?"
„Im Fitnessstudio."
„Aber was macht sie denn dort?"
„Sie will auch endlich einen Muskelkater."

An der Kinokasse.
„Eine Eintrittskarte, bitte", sagt das Pferd.
„Oje, ein sprechendes Pferd!", ruft die Kassiererin.
 „Keine Sorge", beruhigt sie das Pferd. „Wenn der Film läuft, bin ich ganz still."

Das Eisbärbaby zu seiner Mutter:
„Mami, bist du dir sicher, dass alle unsere Vorfahren Eisbären waren?"
„Ja, natürlich", antwortet die Mutter.
„Dein Papa auch?"
„Ja, natürlich."
„Und dessen Papa auch?"
„Ja, der auch."
„Hilft mir auch nicht, ich friere trotzdem!"

Ein Pferd kommt in die Bäckerei. Die Verkäuferin fragt: „Warum machen Sie denn so ein langes Gesicht?"

Ein Holzwurm kommt nach Hause und verkündet aufgeregt: „Nun zieht euch mal alle schick an. Heute gehen wir fein aus und essen chinesisch. Der Antiquitätenladen hat Möbel aus Hongkong."

Ein stattlicher Boxer trottet durch die Siedlung
und sieht, wie eine hübsche Pudeldame aus einem
Fenster schaut. Er bleibt interessiert stehen und
sagt freundlich: „Komm doch zu mir heraus!"
„Das geht nicht. Die Haustür ist abgeschlossen."
„Aber dann spring doch einfach aus dem Fenster!"
„Spinnst du? Damit ich auf die Schnauze falle und
so aussehe wie du?"

Zwei Faultiere hängen an einem Ast. Das eine
Faultier gähnt. Meint das andere:
„Mann, du kannst einem aber auch einen
Schrecken einjagen!"

„Du, ich habe ein Stinktier zu Hause!"
„Iiiih, wo schläft es denn?"
„Na ja, bei uns im Schlafzimmer."
„Aber das ist ja furchtbar! Dieser Gestank …"
„Ja, ich weiß, aber daran wird sich das Tierchen
schon gewöhnen."

„Herr Ober, haben Sie Froschschenkel?"
„Ja!"
„Dann hüpfen Sie sofort in die Küche und
bringen Sie mir ein Schnitzel!"

Kommt der Hahn mit einem Straußenei auf die
Hühnerfarm: „Mädels, ich will ja nicht meckern,
aber schaut euch mal an, was die Konkurrenz
macht."

Zwei Ziegen stehen auf der Weide. Sagt die
eine: „Wollen wir tanzen gehen?"
„Ne, ich habe keinen Bock."

Wundert sich das kleine weiße Kaninchen im Auf-
klärungsunterricht:
„Dann stimmt das also gar nicht mit dem Zylinder?"

„Stell dich nicht so an", sagt der Igel und küsst
die Klobürste.

Herr Plaudertasche zum Zirkusdirektor:
„Ich habe eine sensationelle Nummer für Sie!"
Er führt einen Hund und einen Papagei in die
Manege. Der Papagei sitzt auf dem Rücken des
Hundes und singt.
„Das ist doch ein Trick", vermutet der Direktor.
„Ehrlich gesagt, ja", gibt Herr Plaudertasche zu.
„Der Papagei bewegt nur den Schnabel und der
Hund singt."

„Wusstest du, dass auch Tiere boxen können?",
fragt Franzi ihre Freundin Jana.
„Quatsch", sagt Jana, „das glaube ich nicht."
„Doch!", beharrt Franzi. „Ich habe gestern ein
Schild gesehen, auf dem stand:
‚Pferdeboxen 30 Euro.'"

Eine edle Dame führt ihr durstiges Pferd an eine
Tränke. Da entdeckt sie plötzlich den Stallburschen
und schimpft: „Was fällt dir ein, meinem Pferd die
Zunge rauszustrecken?"
Darauf der Stalljunge: „Entschuldigen Sie bitte, aber
Ihr Pferd hat damit angefangen!"

Ein Regenwurm kriecht nach einem Regenschauer
aus der Erde und bemerkt ganz in seiner Nähe
einen zweiten Wurm. Er sagt: „Wie schön du bist!
Dich würde ich sofort heiraten!"
„Quatsch", sagt der Zweite. „Ich bin doch dein
anderes Ende!"

Ein Mann spielt im Park Schach mit seinem Pferd.
„Ihr Pferd ist aber wirklich klug", sagt ein anderer
Mann, der das Spiel beobachtet.
„Wieso? Es verliert doch immer."

„Mein Kaninchen ist weggelaufen", weint Lilli.
„Dann sollten wir eine Anzeige in der Zeitung
aufgeben", schlägt die Mutter vor.
„Aber es kann doch gar nicht lesen!"

Im Kunstunterricht sollen die Kinder eine Kuh auf einer Wiese malen. Alle geben sich große Mühe, nur Hannes gibt ein leeres Blatt ab.

„Wo ist denn die Wiese?", fragt der Lehrer.

„Die hat die Kuh gefressen."

„Und wo ist die Kuh?"

„Weg. Was soll sie denn noch hier, wo es doch kein Gras mehr gibt?"

Ein Wanderer fragt Bauer Ewald:
„Entschuldigen Sie, wenn ich die Abkürzung über Ihre Weide nehme, erwische ich dann noch den Zug um Viertel nach zwei?"
Der Bauer nickt und antwortet: „Und wenn unser störrischer Ziegenbock Sie entdeckt, dann schaffen Sie sogar noch den Zug um zwei Uhr."

Auf der Weide grast genüsslich die Stute Hannelore. Hinter ihr macht eine Schar Spatzen einen großen Radau. „He", ruft Hannelore. „Wenn ihr nicht sofort Ruhe gebt, bleibt mein Feinkostladen heute geschlossen!"

Ein Pferd und ein Hund kommen in ein Hotel. Das Pferd bestellt ein Zimmer, lässt das Gepäck hinaufbringen, bestellt Abendessen für zwei und geht zum Aufzug. Da ruft ihm der Rezeptionist nach: „He, Mister, den Hund dürfen Sie aber nicht mit aufs Zimmer nehmen!"

„Hast du schon das wilde Pony gezähmt, das du dir neulich gekauft hast?"
„Ja, das war überhaupt kein Problem! Und die beiden Zähne wollte ich mir sowieso ziehen lassen."

Elefant und Maus gehen über ein Hängebrücke. Der Elefant fragt: „Warum wackelt die Brücke denn so?"
Darauf die Maus: „Ach, Elefant, ich trage doch heute meine schweren Stiefel."

„Du bist ein richtiger Esel", schimpft Felix. „Dir fehlen nur noch die Hörner!"
„Hörner?", schreit Theo. „Ein Esel hat überhaupt keine Hörner, du Trottel!"
„Umso besser, dann fehlt dir also gar nichts mehr zum Esel!"

Die Hühnerdamen Wilma und Frieda unterhalten sich.
„Ich fürchte, der Tierarzt behandelt mich nicht richtig. Diese Bananendiät bekommt mir nicht gut", berichtet Wilma.
„Ach, Unsinn", antwortet Frieda, „und jetzt hör auf, dich zu kratzen, und komm von dem Baum runter!"

Ein Kakadu beschwert sich: „Jetzt bin ich schon über achtzehn Jahre alt und man nennt mich immer noch Kakadu statt Kakasie."

Kommt ein Huhn in ein Elektrogeschäft: „Eine Legebatterie, bitte."

Mitten in der Wüste sitzt ein Mann und spielt ganz zauberhaft Geige. Ein Löwe umkreist ihn und legt sich schließlich nieder. Noch zwei weitere Löwen pirschen sich an und legen sich schließlich ebenfalls friedlich hin. Nach einiger Zeit kommt ein vierter Löwe und frisst den Geigenspieler einfach auf. Oben auf der Palme meint ein Affe zum anderen: „Ich habe es dir doch gesagt: Wenn der taube Löwe kommt, ist es mit der Musik vorbei."

„Gibt es hier Quallen, Seeigel oder Krebse?", fragt der Badegast verunsichert am Strand. „Keine Sorge", beruhigt ihn der Bademeister, „die werden alle von den Haien gefressen."

Kommt ein Kunde ins Zoogeschäft:
„Ich hätte gerne einen sprechenden Papagei."
„So was haben wir leider nicht", antwortet der
Verkäufer, „aber einen Specht hätten wir!"
„Kann der Specht denn sprechen?"
„Das nicht - aber morsen."

Die Elefanten spielen Fußball gegen die Insekten. Nach der Halbzeit wechseln die Insekten
den Marienkäfer gegen den Tausendfüßer aus
und schon nach wenigen Minuten steht es
16 : 2 für die Insekten. Nach dem Spiel fragt
ein Elefant den Trainer der Insekten: „Warum
habt ihr diesen Profi denn nicht schon viel
früher eingewechselt?"
„Ach, der Typ braucht immer so lange, bis er
alle Fußballschuhe anhat!"

 Der kleine Karl fragt den Zoohändler:
„Haben Sie Seehunde?"
„Nein."
„Haben Sie Hunde?"
„Ja."
„Können die Hunde sehen?"
„Ja."
„Dann haben Sie doch Seehunde!"

Kommt ein Reh zum Arzt und klagt: „Herr Doktor, sehen Sie nur, ich habe Haarausfall." Darauf der Arzt: „Da sind Sie bei mir aber falsch. Sie müssen in eine Rehaklinik!"

Ein Mann kommt in die Kirche, um sein Frettchen taufen zu lassen.
„Das geht auf keinen Fall!", sagt der Pfarrer.
„Dieses Frettchen ist aber wie ein Familienmitglied für mich und ich lege auch 1.000 Euro in den Klingelbeutel", beharrt der Mann.
Der Pfarrer willigt ein: „Na gut, aber nur wenn Sie es niemandem erzählen."
Das Frettchen wird getauft, doch der Mann kann es nicht für sich behalten und erzählt es im ganzen Dorf – so erfährt es auch der Bischof. Der lässt den Pfarrer zu sich kommen: „Ja, sind Sie denn verrückt geworden, ein Frettchen zu taufen?"
„Der Mann hat aber 1.000 Euro in den Klingelbeutel gelegt", verteidigt sich der Pfarrer.
Darauf der Bischof: „Ja wundervoll, und wann ist die Konfirmation?"

Zwei Spatzen beobachten einen Düsenjet am Himmel. Nach einer Weile fragt der eine: „Wow, warum kann der bloß so schnell fliegen?" Da sagt der andere: „Wenn du so viel Feuer unterm Hintern hättest, dann würdest du auch so schnell fliegen."

Auf der Suche nach einem warmen Plätzchen für seinen Winterschlaf findet ein Siebenschläfer auf einem Dachboden einen alten Spiegel. Als er hineinguckt, denkt er: „Ja, dieses Bild hätte ich auch weggeworfen."

Im Zoo fragt ein Löwe seinen dünnen Artgenossen: „Warum geben die Wärter mir eigentlich jeden Tag Fleisch und dir immer nur Eicheln?" Jammert der andere Löwe: „Na ja, in diesem Gehege sollte eigentlich ein Wildschwein wohnen!"

Genervt fragt die Stute ihr kleines Fohlen: „Wie oft muss ich dir denn noch sagen, dass du von der Haferkiste wegbleiben sollst?" „Gar nicht mehr, Mama", schmatzt das Fohlen. „Sie ist schon leer."

Der Lehrer hat eine Idee: „Wenn mir jemand meine erste Frage beantworten kann, dann muss er auf die zweite Frage keine Antwort mehr geben.
Also, wie viele Zähne hat ein Hai?"
Da schreit die kleine Lea: „76!"
Der Lehrer fragt völlig perplex:
„Aber wie kommst du denn auf diese Zahl?"
Da antwortet Lea: „Das ist dann die zweite Frage, auf die ich nicht antworten muss, oder?"

Die Hechtmutter zu ihrem Kind: „Schwimm gerade, sonst wirst du später ein Rollmops."

Eine Eintagsfliege meldet sich beim Arbeitsamt und fragt nach einem Halbtagsjob. Der Sachbearbeiter fragt daraufhin: „Und warum soll es ausgerechnet ein Halbtagsjob sein?"
„Na, ich möchte schließlich nicht mein ganzes Leben lang arbeiten!"

Der Lehrer fragt: „Luise, kannst du mir eine Schmetterlingsart nennen?"
„Klar, welche denn?"

Das Häschen kommt in die Bäckerei und fragt:
„Haddu Bienenstich?"
„Ja", sagt der Bäcker, „ich habe heute ganz frischen
Bienenstich!"
Bedauert ihn das Häschen: „Armer Mann, muddu
Salbe draufschmieren!"

Auf der Glatze eines Mannes trippelt die
Fliegenmama mit ihren Kindern.
„Seht ihr, als ich noch klein war, gab es hier
nur einen ganz schmalen Trampelpfad."

Maike geht zum Uhrmacher und fragt:
„Können Sie mein Pferd reparieren?"
„Aber ich bin doch Uhrmacher!"
„Das ist richtig, aber mein Pferd bleibt alle fünf
Minuten stehen."

Sagt die Mottenmutter zu ihrer Tochter:
„Also, wenn du jetzt nichts von dem alten
Socken frisst, gibt's zum Nachtisch auch
keinen Pelzmantel!"

Die Hasenmutter fragt ihr Kind:
„Warum spielst du eigentlich immer mit den unge-
zogenen Hasenkindern?"
„Weil die artigen Hasenkinder von ihren Müttern
gesagt bekommen, dass sie nicht mit mir spielen
sollen."

„Maulwürfe sind sehr nützliche Tiere", erklärt der Lehrer. „Ein einziger Maulwurf frisst am Tag so viele Schädlinge, wie er selber wiegt."
Das kann der kleine Tom nicht glauben und fragt: „Und woher weiß so ein Maulwurf, wie viel er wiegt?"

Zwei Vögel sitzen auf einem Baum im FKK-Gelände und beobachten aufmerksam das nackte Treiben. Plötzlich schüttelt der eine den Kopf und meint: „Komisch, alle zur gleichen Zeit in der Mauser!"

Zwei Mücken im Zoo streiten sich. Plötzlich droht die eine: „Pass auf, ich habe heute Tigerblut in mir!"

Eine Spatzenfrau erzählt ihrer Freundin:
„Ich lasse mich von meinem Mann scheiden!"
„Aber warum denn?"
„Seit sechs Monaten hat er eine Meise!"

Die Polizei von Münster schickt den Kollegen in Warendorf Fotos von einem gestohlenen Pferd: von vorne aufgenommen, von hinten, von der Seite und auch mit Reiter. Einige Tage später erhalten sie eine Mail aus Warendorf: „Drei der vermissten Pferde wurden bereits gefunden, dem Reiter sind wir auf der Spur!"

Auf der Weide wird eine Ameise von einem Pferdeapfel begraben. Als sie sich endlich wieder herausgewühlt hat, ruft sie wütend zu dem Pferd hoch: „So eine Frechheit! Und auch noch mitten ins Auge!"

„Was ist ein Rotkehlchen?", fragt Maja ihre Schwester.
„Ach, das ist irgend so ein verrückter Fisch", antwortet die Schwester.
„Aber hier steht, es hüpft von Ast zu Ast."
„Da siehst du mal, wie verrückt der Fisch ist!"

Ein Hirsch steht im Wald bei einer Pfütze und schöpft Wasser. Da sieht er in der Pfütze sein Spiegelbild, betrachtet sich und sagt zu sich: „Ich bin das schönste und mächtigste Tier im Wald!"
Auf einmal steht hinter ihm ein großer Bär und fragt: „Was hast du da eben gesagt?"
Da stammelt der Hirsch: „Was man halt so daherredet, wenn man zu viel getrunken hat!"

„Rate mal, was das ist!", sagt Hannes zu seiner großen Schwester. „Es ist fünf Zentimeter groß, hat einen ekeligen schwarzen Körper und lange Klauen!"
„Keine Ahnung. Sag schon!"
„Ich weiß es auch nicht, aber es krabbelt auf deinem Nacken!"

Einige Hennen betrachten beim Schaufensterbummel die unterschiedlichen Eierbecher. Ein Huhn ist ganz begeistert: „Mensch, was für eine große Auswahl an Kinderwagen die hier haben!"

Zwei Frösche treffen sich auf der Wiese. Einer von ihnen ist über und über mit Pflastern bedeckt.
„Was ist denn mit dir passiert?", ruft der eine Frosch entsetzt.
Da stöhnt der andere: „Ich habe aus Versehen einen Knallfrosch geküsst!"

Treffen sich zwei Schnecken. Eine hat ein blaues Auge. „Was ist denn mit dir passiert?", fragt die andere besorgt.
„Als ich gestern nach Hause ging, schoss plötzlich ein Pilz aus dem Boden."

Eine Schlange und ein Tausendfüßer verabreden
sich um drei Uhr bei der Schlange zu Hause. Der
Tausendfüßer kommt aber erst um acht Uhr.
„Warum kommst du so spät?", fragt die Schlange.
Antwortet der Tausendfüßer: „Draußen an der Tür
steht: Bitte die Füße abtreten."

Kurz vor Weihnachten sagt die kleine Sophie:
„Mami, ich wünsche mir ein Pony!"
Die Mutter antwortet: „Na gut, mein Schatz,
morgen gehen wir zum Friseur."

Die Eisbäreneltern warten auf das erste Wort ihres
Sohnes.
Der Vater: „Bestimmt sagt er Papa!"
Die Mutter: „Nein, bestimmt sagt er zuerst Mama!"
Darauf der Kleine: „Saukalt hier!"

Kommt ein Huhn in den Supermarkt und fragt:
„Haben Sie große Eierkartons? Ich möchte mit
meinen Kindern verreisen."

Ein Mann kommt zum Psychiater und sagt:
„Herr Doktor, ich bin ein Hund."
„Legen Sie sich schon mal auf die Couch."
„Aber ich darf doch nicht auf die Couch!"

Zwei Flöhe kommen aus dem Kino.
„Hüpfen wir nach Hause oder sollen wir uns
einen Hund nehmen?"

„Ich hätte gern ein Pferd für meine Frau!"
„Tut mir leid, Tauschgeschäfte machen wir
leider nicht."

Der Igel ruft: „Ich lasse mich scheiden!
Ich kann die Sticheleien meiner Frau nicht
länger ertragen!"

Der kleine Hase geht zum Schneemann und sagt:
„Möhre her oder ich föhne dich!"

Ein Schwein beschwert sich beim Esel:
„Das ist ja so gemein! Alle machen hässliche
Schimpfwörter aus mir!"
Da antwortet der Esel verständnisvoll:
„Das ist ja eine Schweinerei!"

„Du hast aber einen süßen Mops!"
„Das ist kein Mops."
„Was soll das denn sonst sein?"
„Unsere Katze ist gegen die Wand gelaufen."

Kommt ein Frosch in den Laden.
Fragt der Verkäufer:
„Was darf es denn sein?"
Darauf der Frosch: „Quark!"

Ein Pferd kommt in eine Bar und bestellt sich ein Glas Wein.
„Was kostet das?", fragt es den Wirt.
„Sechs Euro", sagt der Mann und schluckt. „Also, ein Pferd habe ich wirklich noch nie bedient."
Da meint das Pferd nur: „Kein Wunder, bei diesen Preisen!"

Bauer Egon beschwert sich:
„Auf meinem Hof lebt der faulste Hahn der Welt. Wenn frühmorgens der Hahn von Nachbar Paule laut kräht, nickt meiner nur zustimmend mit dem Kopf."

 „Wieso hat Paul so einen dicken Verband um die Hand?", fragt Pauls kleine Schwester.
„Paul hat seine Hand in das Maul des Ponys gesteckt, um zu zählen, wie viele Zähne es hat", erklärt die Mutter.
„Und was ist dann passiert?"
„Dann hat das Pony das Maul zugeklappt, um zu zählen, wie viele Finger Paul hat!"

Ein kleines Ferkel kommt auf seinen Streifzügen durch das Bauernhaus an einer Steckdose vorbei, schaut fassungslos und grunzt: „Na, Kumpel, warum haben sie dich denn eingemauert?"

Das Kamelkind fragt seinen Vater:
„Du, Papi, warum haben wir eigentlich zwei Höcker auf dem Rücken?"
Der Kamelvater antwortet: „Darin speichern wir Nährstoffe, wenn wir durch die Wüste ziehen."
Das Kamelkind fragt weiter: „Und warum haben wir so lange Wimpern?"
„Damit uns der Wind nicht den Sand in die Augen weht, wenn wir durch die Wüste ziehen."
„Und warum haben wir Hufe anstelle von Füßen?"
„Damit wir nicht im Sand einsinken, wenn wir durch die Wüste ziehen."
„Und was machen wir dann hier im Zoo?"

Anruf in der Tierarztpraxis: „Herr Doktor, meine Frau kommt gleich mit unserer Katze in Ihre Sprechstunde. Geben Sie ihr doch bitte eine Spritze, damit sie ruhig und friedlich einschlafen kann."
„Ja natürlich, das mache ich", sagt der Doktor, „und Ihre Katze findet dann allein nach Hause?"

Die Arche Noah ist zu voll und droht zu sinken. Die Tiere haben sich versammelt, um zu entscheiden, welches Tier das Schiff verlassen muss. Sie sind sich schnell einig und verkünden ihr Urteil:
„He, Breitmaulfrosch, wir haben entschieden, dass das Tier mit dem breitesten Maul die Arche verlassen muss."
Darauf macht der Frosch einen Kussmund und sagt: „Oje, das arme Krokodil!"

Die Tiere im Zoo sind aufgeregt. Heute kommt der Fotograf, um von allen Tieren ein Foto zu machen. Die Ziegen aus dem Streichelzoo haben sich besonders hübsch gemacht.
Da sagt das Zebra traurig zum Pinguin:
„Das ist doch wirklich gemein! Alle bekommen farbige Fotos, nur wir werden wieder schwarzweiß fotografiert!"

Maus und Elefant fahren mit der U-Bahn.
„Oje, ich habe meine Fahrkarte vergessen", stellt
der Elefant fest.
„Macht doch nichts", meint die Maus. „Dann sage
ich einfach, du bist mein Haustier."

Drei Schildkröten machen sich gemeinsam auf
den Weg zu einer Quelle. Nach vielen Jahren
kommen sie endlich an. Durstig wollen sich
zwei der Schildkröten auf das Wasser stürzen,
da stellt die dritte fest, dass sie ihre Trink-
becher vergessen haben.
Sie entscheidet: „Ihr zwei wartet hier, ich gehe
zurück und hole unsere Becher."
Die anderen beiden warten zwei Jahre. Da hält es
die eine Schildkröte nicht mehr aus und ruft:
„Also ich muss jetzt sofort etwas trinken!"
Doch gerade als sie einen Schluck nehmen will,
kommt die dritte Schildkröte aus dem Gebüsch
und sagt: „Also wenn ihr schummelt, dann gehe
ich gar nicht erst los..."

Kurz und knapp

Die 99 besten

Flachwitze

Kurz und knapp

Was sitzt auf einem Baum und winkt?
Ein Huhu.

Was ist gelb und schießt?
Eine Banone!

Was ist ein Keks unter einem Baum?
Ein schattiges Plätzchen.

Was macht ein Wikinger auf einem Eisberg?
Frieren.

Kellner zum Gast: „Hatten Sie Barsch bestellt?"
„Nein, höflich."

Sagt der Hefeteig zu seinem Freund:
„Also ich weiß ja nicht, wie es bei dir ist, aber
ich gehe bei der Arbeit richtig auf!"

Treffen sich zwei Magnete. Sagt der eine:
„Na, wie geht es dir heute?"
„Ganz gut. Ich weiß nur nicht, was ich heute
anziehen soll."

Was ist bunt und rennt aus dem Haus?
Ein Fluchtsalat.

Was fliegt durch die Luft und macht mmus, mmus?
Eine Biene im Rückwärtsgang.

Was ist süß, klebrig und schwingt sich von
Baum zu Baum?
Tarzipan!

Wer lebt im Himalaya und bastelt gern?
Ein Kneti.

Was ist gelb und steht am Fenster?
Eine Spannanas.

Welcher Fisch ist besonders nervig?
Der Stör.

Was sagt der große Stift zum kleinen Stift?
Wachsmalstift!

Ein Mann geht in die Bäckerei. Er läuft an den
wartenden Kunden vorbei, schlägt seinen Kopf auf
die Theke und ruft: „Ätsch, habe ich doch noch ein
Hörnchen bekommen!"

„Max, findest du, dass ich dir eine
schlechte Mutter bin?
„Ich heiße Emil."

Wie klingelt ein Gorilla?
King-Kong.

Wer lebt im Dschungel und schummelt?
Mogli.

Ich wollte dir einen Zeitreisewitz erzählen,
aber du mochtest ihn nicht.

Was ist unsichtbar und riecht nach Karotten?
Ein Kaninchenpups.

Was entsteht, wenn sich ein Igel und ein
Regenwurm paaren?
Stacheldraht.

Was essen Astronauten am liebsten?
Mars.

Was ist groß, braun und schreibt undeutlich?
Ein Kritzlibär.

Was ist schwarz-weiß und sitzt auf
der Schaukel?
Ein Schwinguin.

Egal wie leer du bist …
… manche Leute sind Lehrer.

Was macht ein Clown im Büro?
Faxen.

Was ist grün und klopft an die Tür?
Ein Klopfsalat.

Welchen Preis gewinnen besonders liebe Hunde?
Den No-Bell-Preis.

Was sitzt auf einem Baum und schreit „Aha"?
Ein Uhu mit Sprachfehler.

Was schwimmt im Meer und kann addieren?
Ein Oktoplus.

Was sitzt mit Kopfschmerzen im Baum und kann
nachts gut sehen?
Eine Beule.

Was ist grün, rund und qualmt?
Kohldampf.

Was steht auf dem Grabstein des Mathelehrers?
„Damit hat er nicht gerechnet."

Was liegt am Strand und ist schlecht
zu verstehen?
Eine Nuschel.

Was liegt mit Schnupfen am Strand und ist schlecht
zu verstehen?
Eine Niesnuschel.

Was gibt es beim Imker zum Nachtisch?
Bienenstich.

Was ist braun, knusprig und läuft mit einem Korb
zur Oma?
Brotkäppchen!

Was ist grün und macht die Toilette sauber?
Ein Klokodil!

Wer sitzt im Baum und weint?
Die Heule.

Egal wie tief du schläfst ...
... Albert schläft wie Einstein.

Was ist fruchtig und kann nicht still sitzen?
Eine Hampelmuse.

Wer isst gern Süßigkeiten und wohnt nebenan?
Die Naschbarin.

Was ist schwarz-weiß und hüpft von Eisberg
zu Eisberg?
Ein Springuin!

Was ist schwarz-weiß und steckt
voller Vitamine?
Eine Pandarine.

Was ist orange und immer schlecht drauf?
Ein Mürrbis.

Kommt ein Cowboy vom Friseur.
Pony weg!

Was hat acht Arme und fliegt in den Weltraum?
Eine Krakete!

Was schwimmt auf dem See und macht
Kikeriki?
Ein Wasserhahn.

Was macht das Nilpferd, wenn es müde ist?
Ein Dickerchen.

Kommt ein Fuchs frühmorgens in den
Hühnerstall und ruft: „Raus aus den Federn!"

Was ist braun und sitzt hinter Gittern?
Eine Knastanie.

Ein Fuß und ein Auge sitzen auf der Parkbank.
Sagt das Auge: „Ich gehe jetzt."
Sagt der Fuß: „Das will ich sehen."

Was ist grün, grinst und hüpft über die Wiese?
Eine Freuschrecke.

Sagt die Null zur Acht: „Schöner Gürtel!"

Was ist klebrig und läuft durch die Wüste?
Ein Karamel.

Was hängt im Urwald an den Bäumen?
Urlaub.

Wie nennt man einen Bumerang, der nicht
zurückkommt?
Stock.

Was ist groß, grau und telefoniert?
Ein Telefant!

Welches Getränk trinken Chefs am liebsten?
Leitungswasser.

Was ist weich, süß und nicht sehr schlau?
Ein Dummibärchen!

Was ist ein großes Problem für Fußballspieler?
Platzangst.

Wann geht ein U-Boot unter?
Am Tag der offenen Tür.

Was ist gelb und kann nicht schwimmen?
Ein Bagger.
Und warum kann er nicht schwimmen?
Er hat nur einen Arm.

> Sagt die eine Wand zur anderen:
> „Wir treffen uns an der Ecke."

Was kommt raus, wenn man einen Papagei mit
einem Tausenfüßer kreuzt?
Ein Walkie-Talkie!

> Was ist ein Cowboy ohne Pferd?
> Ein Sattelschlepper.

„Herr Doktor, keiner nimmt mich ernst!"
„Ach was, Sie scherzen doch!"

> Gast zum Kellner: „Zahlen, bitte!"
> Kellner zum Gast: „Buchstaben, bitte!"

Treffen sich zwei Hellseher.
Sagt der eine: „Dir geht's gut und wie geht's mir?"

> Gehen zwei Doofe über die Straße.
> Sagt der eine: „Lass mich auch mal
> in die Mitte."

Was ist das Gegenteil von Fantasie?
Colaer.

Was sagt ein Krokodil, nachdem es einen Clown
gefressen hat?
„Schmeckt irgendwie komisch!"

„Ich bin es leid, hier rumzuhängen!", rief die Glüh-
birne und brannte durch.

Was wühlt den Himmel auf?
Ein Pflugzeug!

Was sagt ein Origami-Lehrer zu seinem Schüler?
„Das kannst du knicken!"

Stehen zwei Pilze im Wald.
Fragt der eine: „Na, wie geht's?"
Sagt der andere: „Sei bloß ruhig!
Pilze können gar nicht reden!"

Wohin geht ein Reh mit Haarausfall?
In die Reha-Klinik.

Was ist weiß und rollt den Berg hoch?
Eine Lawine mit Heimweh.

Warum kann Hannes nicht lügen?
Er ist schwindelfrei!

Treffen sich zwei Rosinen in der
Weihnachtszeit.
Fragt die eine: „Warum hast du denn
einen Helm auf?"
Antwortet die andere: „Ich muss gleich
noch in den Stollen."

Ein Baum zum anderen: „Lass uns lieber gehen,
sonst schlagen wir noch Wurzeln."

Wie nennt man den Flur eines Iglus?
Eisdiele.

Was macht die kleine Ameise, wenn sie den Fluss
überqueren möchte?
Sie wirft das ‚A' weg und fliegt hinüber.

Eine schwangere Frau geht in die Bäckerei und sagt: „Ich bekomme ein Brot."
Darauf der Bäcker: „Sachen gibt's ..."

Was bellt und ist mit Käse überbacken?
Ein Pudelauflauf.

Was gräbt und ist schnell aus der Puste?
Eine Schnaufel.

Was macht eine Wolke mit Juckreiz?
Sie fliegt zum Wolkenkratzer.

Was ist schwarz-weiß gestreift und berührt nicht den Boden?
Ein Schwebra!

Was sagt die Schnecke auf dem Rücken der Schildkröte?
„Huuuuuiiiiiii!"

Wo wohnen Katzen am liebsten?
Im Miezhaus.

Was lebt unter Wasser und sieht alles doppelt?
Ein Schielpferd.

Zwei Buntstifte spazieren durch den Wald. Kommt ein dritter dazu. Sagt der eine zum anderen: „Ich gehe jetzt. Mir wird es hier zu bunt."

Was ist groß, blau, lebt tief unter der Erde und frisst Steine?
Der große blaue Steinfresser.

Was ist weiß und kann fliegen?
Die Biene Majo.

Treffen sich zwei Rühreier. Sagt das eine zum anderen: „Ich bin heute so durcheinander!"

Wie heißt ein helles Mammut?
Hellmut.

„Ich bin so unentschlossen", sagt Maik. „Als japanischer Krieger wäre ich ein Nunja!"

„Ich bin ganz gerührt", sagte der Teig.

Unterhalten sich zwei Kerzen.
„Ist Wasser eigentlich gefährlich?"
„Da kannst du von ausgehen!"

Auf die Plätze – fertig – los!

Lustiges für Sportfans

Eine Fußballmannschaft fliegt ins Trainingslager nach Spanien. Aus Langeweile beginnen die Spieler, im Flugzeug Fußball zu spielen. Der Pilot kann die Maschine kaum noch ruhig halten und schickt den Kopiloten in die Kabine. Kurz darauf ist Ruhe.
„Wie hast du das denn gemacht?", fragt der Pilot.
„Ich habe nur gesagt: Jungs, es ist doch so schönes Wetter draußen, spielt doch vor der Tür!"

Der Sohn eines Fußballers hat sein Zeugnis bekommen. „Stell dir vor, Papi, mein Vertrag mit der vierten Klasse ist verlängert worden!"

Was steht zwischen Torwart und Verteidiger?
Das Wort „und".

Das Handballspiel endet mit einer schrecklichen Niederlage: 26 : 4. In der Kabine knöpft sich der Trainer die Mannschaft vor: „Mensch, dass ihr mir überhaupt noch ins Gesicht schauen könnt!" Darauf der Torwart: „Ach, Trainer, man gewöhnt sich an alles."

Die Gehaltsverhandlungen zwischen dem Vereinsvorstand und dem neuen Fußballspieler laufen nicht gut.
„Hören Sie, mit diesem mickrigen Gehalt kann ich wirklich keine großen Sprünge machen."
„Das sollen Sie ja auch gar nicht! Wir suchen nämlich einen Stürmer und kein Turnierpferd!"

Nach dem Fußballtraining geht Finn entschlossen mit dem Fußball unterm Arm in die Sparkasse und brüllt: „Geld her oder ich schieße!"

Kurz vor Anpfiff eines wichtigen Basketballspiels kommt noch ein Zuschauer, völlig außer Atem, an das Kassenhäuschen. „Zu spät", sagt die Kassiererin. „Die Halle ist bis auf den letzten Platz ausverkauft!"
„Gut", sagt der Zuschauer. „Dann geben Sie mir den!"

Lukas schreibt in der Schule einen Aufsatz zum Thema Fußball: „Fußballspieler sind wie Babys. Erst schreien sie rum und dann schmeißen sie sich auf den Boden."

Das Nachwuchstalent fragt seinen Manager:
„Sag mal, bekomme ich denn auch Geld, wenn ich erfolgreich boxe?"
„Klar", antwortet der Manager, „für die ersten Kämpfe bekommst du 500 Euro und später mehr."
„Ist gut", sagt der junge Boxer, „dann komme ich später wieder."

Was hat keine Füße und läuft trotzdem?
Die Nase.

„Furchtbar, wie die Kinder nach dem Trainingslager immer aussehen", beschwert sich eine Mutter. „Letztes Jahr musste ich die halbe Mannschaft waschen, bis ich meinen Sohn gefunden habe."

„Ihr Sohn ist der Schwächste in der Mannschaft", sagt der Trainer zu Herrn Eiermann. „Das ist aber sonderbar!", wundert sich der Vater. „Letztes Mal haben Sie doch gesagt, dass er alle Kinder verhaut!"

Nach dem schlechten Fußballspiel pfeifen alle den erfolglosen Stürmer aus. Nur ein einziger Junge bahnt sich einen Weg zu dem Spieler und bittet um dessen Trikot. „Oh, du bist also ein Fan?", fragt der Spieler geschmeichelt.
„Nein, nein", winkt der Junge ab, „aber Ihr Trikot ist das einzige, das nicht verschwitzt ist."

Die kleine Marie kommt zu spät in die Schule
und entschuldigt sich sofort:
„Sorry, aber ich habe diese Nacht geträumt,
dass ich für die Fußballnationalmannschaft
gespielt habe."
„Das ist aber trotzdem kein Grund, zu spät
zur Schule zu kommen", schimpft die Lehrerin. „Wir träumen ja schließlich alle nachts!"
„Das stimmt. Aber bei mir gab es Verlängerung!"

Auf der Pferderennbahn fragt Frau Apfelbaum den
Jockey: „Beißt Ihr Pferd?"
„Nein", antwortet der Jockey. Frau Apfelbaum streichelt das Pferd und es schnappt nach ihr.
„Sie haben doch gesagt, Ihr Pferd beißt nicht!", ruft
sie böse. Der Jockey zuckt mit den Schultern: „Das
hier ist ja auch gar nicht mein Pferd."

Der Hockeytrainer nimmt die Glückwünsche
seiner Mannschaft entgegen.
„Das Einzige, was ich mir von euch wünsche,
ist, dass wir nächsten Sonntag das Spiel
gewinnen."
„Zu spät", ruft der Kapitän. „Wir haben dir
nämlich schon eine Krawatte gekauft!"

Sven ist heute mit seiner kleinen Schwester im Stadion. Kurz vor dem Anpfiff fragt er:
„Sitzt du auch gut?"
„Ja, Sven."
„Kannst du auch wirklich gut das Spielfeld sehen?"
„Ja, Sven."
„Und vor dir sitzt auch kein großer Mann, der die die Sicht versperren könnte?"
„Nein, Sven."
„Prima, dann lass uns jetzt die Plätze tauschen."

**Wann wurde die deutsche Fußballnational-
mannschaft das erste Mal erwähnt?
Im Alten Testament: Sie trugen seltsame
Gewänder und irrten planlos umher.**

Nach dem Tauziehen: „Warum ziehst du denn dieses dicke Tau hinter dir her?"
„Schieben geht nicht – das habe ich gerade schon ausprobiert!"

**„Wie ist denn deine erste Reitstunde
verlaufen?"
„Im Sande."**

Ein Mann kommt in die Buchhandlung und fragt: „Haben Sie das Buch *Tennis-Profi über Nacht?*"
Darauf die Buchhändlerin: „Zweiter Stock, rechts, bei den Märchenbüchern."

Der Trainer trennt zwei streitende Kinder:
„Hört auf zu streiten! Man muss im Leben
lernen zu geben und zu nehmen!"
„Habe ich ja gemacht!", ruft Leon. „Ich habe
ihm eine Kopfnuss gegeben und die Wasserfla-
sche genommen!"

Während ihrer ersten Reitstunde reitet die kleine
Lotte aus Versehen fast einen Fußgänger um.
„He!", ruft dieser wütend. „Kannst du denn nicht
besser aufpassen?"
„Aufpassen schon", antwortet Lotte, „aber reiten
nicht!"

Der Präsident schimpft nach der schlechten
Saison mit dem Trainer: „Hören Sie mal, Sie
haben mir versprochen, dass die Mannschaft
nach dem Sommer auf Tabellenplatz 1 steht!"
Darauf der Trainer: „Jetzt mal ganz ehrlich –
soll das etwa ein Sommer gewesen sein?"

Nach dem Wettkampf fragt ein Reporter den
Nationaltrainer: „Sind Sie abergläubisch?"
„Toi, toi, toi, bis jetzt noch nicht."
„Also glauben Sie auch nicht an Horoskope?"
„Nein, dazu sind wir Skorpione viel zu misstrauisch."

> Der Jockey beendet das Rennen als erster.
> Der Manager schimpft: „Sie hätten doch noch
> viel schneller im Ziel sein können!"
> Antwortet der Jockey: „Klar hätte ich das, aber
> ich musste doch beim Pferd bleiben!"

Der Vereinspräsident zum neuen Spieler:
„Weil du jetzt in der Nationalmannschaft spielst,
erhöhen wir dein Gehalt um ein Drittel."
„Das ist mir aber viel zu wenig", empört sich der
Spieler. „Ich will mindestens ein Viertel!"

„Du, Papi, ich habe zwei Fragen. Erstens: Darf
ich heute nach der Schule auf den Bolzplatz?
Und zweitens: Warum nicht?"

Ein Ehepaar unterhält sich am Frühstückstisch:
„Was sagst du zu meiner gestrigen Leistung beim
Hürdenlauf?"
„Willst du etwa schon beim Frühstück Streit
anfangen?"

Der Reitschüler reitet im Galopp auf ein
Hindernis zu. Das Pferd bleibt kurz vorher
stehen und der Schüler fliegt im hohen Bogen
über das Hindernis.
„Super", ruft der Reitlehrer, „aber ver-
suche doch beim nächsten Mal, das Pferd
mitzunehmen!"

Der Trainer seufzt. Sein bester Fußballer hat einen
Schnupfen und kann nicht trainieren.
„Kein Wunder", sagt dieser. „Ich stehe ja auch
immer im Sturm."

Kurz vor dem Gipfel rutscht der Bergsteiger plötzlich aus und kann sich gerade noch an einem Felsvorsprung festhalten. Als seine Kräfte nachlassen, blickt er verzweifelt in den Himmel und fragt: „Ist da jemand?"
„Ja", tönt es darauf.
„Was soll ich tun?"
„Sprich ein Gebet und lass los."
Der Bergsteiger nach kurzem Überlegen:
„Ist da sonst noch jemand?"

Kurz vor Beginn des Reitturniers. „Entschuldigung, darf ich Sie darauf aufmerksam machen, dass Sie falsch herum auf Ihrem Pferd sitzen?", fragt der Stallbursche vorsichtig.
„Nein, das darfst du nicht, du Lümmel", antwortet der Reiter verärgert. „Du weißt ja gar nicht, in welche Richtung ich reiten will!"

Was macht ein Fußballer, wenn seine Augen schlechter werden?
Er arbeitet als Schiedsrichter.

Auf der Tribüne: „Heiße Würstchen, heiße Würstchen!"
Ein Fan brüllt: „Mir doch egal, wie du heißt, bring mir lieber mal ein Bier!"

Der Boxer geht in der fünften Runde zu Boden und jammert: „Hoffentlich habe ich keine Gehirnerschütterung."
„Keine Panik", grinst sein Gegner. „Wo nichts ist, kann auch nichts erschüttern."

Neulich beim Sportarzt: „Herr Doktor, diese Schlaflosigkeit bringt mich noch um den Verstand. Letzte Nacht bin ich zwölf Mal aufgewacht und konnte kein einziges Mal wieder einschlafen!"

„Wie war es denn beim Springturnier?", möchte Susis Mutter wissen.
„Nicht so gut", antwortet Susi, „mein Pferd war einfach zu höflich."
„Wieso das denn?"
„Es hat mich bei jedem Hindernis vorgelassen!"

Pia möchte sich neue Ballettschuhe kaufen. Im Sportgeschäft lässt sie sich verschiedene Modelle zeigen. Schließlich kommt der Verkäufer mit einem besonders hübschen Paar an und sagt: „Nimm doch dieses Paar. Mit denen haben wirklich viele Kunden gute Erfahrungen gemacht."
„Hm, ich weiß nicht", antwortet Pia. „Ich wollte eigentlich keine gebrauchten Schuhe."

Mit welchem Ball kann man nicht Fußball
spielen?
Mit dem Erdball.

Auf dem Schulhof prahlt Dennis vor seinen Freunden.
„Na, Jungs, was würdet ihr machen, wenn ihr den
Speer auch so weit werfen könntet wie ich?"
Darauf Lukas: „Ich würde wohl in den Malkurs
wechseln."

Der Profi-Sportler klagt beim Arzt:
„Herr Doktor, mir geht es hundsmiserabel,
wirklich sauschlecht, so ein richtiger
Katzenjammer."
„Tja, also dann sollten Sie besser zu einem
Tierarzt gehen."

„Der Weg von der Kabine zum Ring ist aber weit",
beschwert sich der Boxer.
„Halb so wild", tröstet ihn sein Trainer, „zurück wirst
du ja sowieso getragen."

Warum macht der Basketball-Profi immer
dieselben Fehler?
Weil der Trainer eine konstante Leistung
erwartet.

Nach einem anstrengenden Trainingswochenende
humpelt der Profi-Reiter zu seinem Arzt.
„Geht es Ihnen denn immer noch nicht besser?"
„Leider nicht", antwortet der Reiter betrübt.
„Haben Sie denn auch meinen Rat befolgt und nach
dem heißen Bad noch ein Glas Lindenblütentee
getrunken?"
„Entschuldigung, Herr Doktor, ich hatte es mir wirklich fest vorgenommen, aber ich habe doch nur die
halbe Wanne geschafft – danach konnte ich beim
besten Willen keinen Tee mehr trinken."

Zwei Fans unterhalten sich im Stadion.
„Meine Frau lässt sich scheiden, wenn ich
weiterhin jeden Sonntag zum Fußball gehe."
„Oje, das ist schlimm."
„Allerdings, sie wird mir fehlen."

Fragt der Opa den Enkel: „Na, Tilo, willst du denn
immer noch Basketball-Profi werden?"
Darauf Tilo: „Seit ich weiß, dass die nach jedem
Spiel duschen müssen, nicht mehr."

Unterhalten sich zwei Reiter:
„Ich habe gestern auf dem Turnier den ersten Preis gewonnen", sagt der eine.
„Ach wirklich?", fragt der andere. „Ich habe gehört, es sei der vierte Preis gewesen."
„Stimmt, aber ich habe vorher noch nie einen Preis bekommen. Darum war es für mich der erste ..."

„Und, wie war ich heute?", fragt der Profisportler seinen Trainer nach dem Wettkampf.
„Beim letzten Wettkampf hast du eine bessere Leistung gezeigt", antwortet der Trainer.
„Aber da habe ich doch gar nicht teilgenommen!"
„Eben."

Der Patient fragt den Arzt: „Werde ich nach der Operation Tennis spielen können?"
„Ja, aber sicher."
„Super, das konnte ich bisher nämlich nicht!"

Nach dem Ausdauertraining steht Emil mit aufgespanntem Regenschirm unter der Dusche.
„Spinnst du, Emil?", fragen die Mannschaftskameraden.
„Ich habe mein Handtuch vergessen ..."

Georg, der Gewichtheber, ist enttäuscht.
„Ich habe die 100 kg schon wieder nicht heben können!", berichtet er.
„Ach, Georg, du sollst doch nicht immer alles so schwer nehmen!"

Der erfolglose Fußballspieler kommt pfeifend ins Stadion, haut der Frau des Trainers auf den Hintern, tritt dem Schiedsrichter vors Schienbein und zeigt den Fans auf der Tribüne seinen nackten Hintern.
„Hör auf", zischt ein anderer Spieler. „Wir haben dich verkohlt, du hast gar nicht im Lotto gewonnen!"

Der Mann der weltbesten Springreiterin beschwert sich: „Immer denkst du nur an deine Pferde! Du weißt bestimmt gar nicht mehr, wann du mich geheiratet hast!"
„Oh doch", antwortet seine Frau lächelnd. „Das war der Tag, als ich auf Firenze das Turnier gewonnen habe."

„Dieses Jahr werde ich in der Saisonpause nichts machen. Die erste Woche werde ich nur im Schaukelstuhl sitzen", schwärmt der faule Skifahrer.
„Und in der zweiten Woche?", fragt sein Freund.
„Da werde ich vielleicht ein wenig schaukeln."

Der Fußballtrainer zum Reporter: „Können Sie nicht etwas langsamer reden? Meine Jungs können gar nicht so schnell rennen, wie Sie sprechen!"

Der Schiedsrichter pfeift und winkt einen Spieler zu sich.
„Geben Sie zu, dass Sie Ihren Gegner brutal gefoult haben?"
„Ja, das gebe ich zu", sagt der Spieler. „Aber ich möchte darauf hinweisen, dass er diese krummen Beine schon vorher hatte!"

„Mein Bruder trägt immer Golfsocken", erzählt Maike ihrer Freundin.
„Und wie sehen die aus?"
„Sie haben achtzehn Löcher."

Der kleine Tom kommt vom Fußballtraining und
wird von seinem Vater gefragt:
„Na, Tom, wie war das Spiel?"
„Super, ich habe zwei tolle Tore geschossen!"
„Und wie ging das Spiel aus?"
„1 : 1."

Der Jockey erklärt seiner Frau:
„Mein Arzt hat mir das Reiten verboten!"
„Hat er dich untersucht?"
„Nein, aber er hat mich letzte Woche auf der
Rennbahn gesehen."

Der Fußballer wurde gefoult und wälzt sich mit
schmerzverzerrtem Gesicht auf dem Spielfeld hin
und her. Da meint der Trainer ganz trocken:
„Bei dem Typen weiß man nie, ob man den Arzt
oder den Theaterkritiker holen soll."

Ein Sportangler geht zum Eisfischen. Als er ein Loch in die Eisfläche schlagen will, ertönt eine Stimme und sagt: „Hier nicht!"
Der Mann geht weiter, will erneut ein Loch ins Eis klopfen, da ertönt wieder die Stimme: „Hier nicht!"
Als beim dritten Versuch die Stimme wieder ertönt, ruft der Mann laut: „Lieber Gott, bist du es?"
Darauf die Stimme: „Nein, ich bin der Stadionsprecher der Eissporthalle!"

Eine kleine Spinne betrachtet voller Bewunderung das Netz eines Fußballtores:
„Klasse, da hat jemand wirklich ganze Arbeit geleistet!"

Es regnet in Strömen und der Fußballplatz steht förmlich unter Wasser. Trotzdem soll gespielt werden. Sagt der Kapitän zur gegnerischen Mannschaft:
„Ihr habt Anstoß, wir spielen dann mit der Strömung!"

Auf der Skipiste stoßen zwei schnelle Skifahrer zusammen und verheddern sich.
„Hilfe! Hilfe!", ruft der eine. „Ich habe kein Gefühl mehr im Bein!"
„Kein Wunder", schreit der andere, „du kneifst ja auch die ganze Zeit in meins!"

> Der Sohn schreibt eine Postkarte aus der Skifreizeit: „Lieber Papa, Skifahren macht mir viel Spaß. Leider war heute kein guter Tag. Habe ein Bein gebrochen. Gott sei Dank nicht mein eigenes!"

Der Profi-Reiter möchte sich ein neues Pferd kaufen. Er fragt den Züchter:
„Ist dieses Pferd denn auch wirklich treu?"
„Aber ja", antwortet der Züchter, „drei Mal habe ich es schon verkauft und es ist immer wieder zu mir zurückgekommen."

Im Fußballstadion sitzt der kleine Leon auf den Schultern seines Vaters und schreit: „Foul, Elfmeter, blöder Schiedsrichter." Voller Bewunderung staunt der Nebenmann: „Alle Achtung, der Kleine versteht aber wirklich was vom Fußball."
Kurz darauf nimmt der Vater den Kleinen von seiner Schulter und beginnt, lautstark zu schimpfen. Voller Empörung schreit der Nebenmann: „Aber was soll denn das? Sie dürfen den Kleinen doch nicht anschreien!"Darauf der Vater: „Wenn es um Fußball geht, weiß er super Bescheid, aber ‚Ich muss Pipi' kommt einfach nicht über seine Lippen."

Welches ist der brutalste Sport der Welt?
Fußball. Da wird geköpft und geschossen.

Zwei Jogger unterhalten sich über ihre Hunde.
Meint der eine: „Meiner hat eine wirklich
gute Nase, der riecht mich auf 1.000 Meter
Entfernung."
Darauf der andere: „Wie oft soll ich dir noch
sagen, dass du öfter duschen solltest."

Der Stürmer der Nationalmannschaft humpelt vom
Fußballplatz. Der Trainer fragt besorgt:
„Bist du schlimm verletzt, Rudi?"
„Nein", antwortet Rudi matt, „nur ein eingeschlafe-
nes Bein!"

Lukas fragt seinen Freund: „Treibst du
eigentlich Sport?"
„Na klar", antwortet dieser, „ich spiele Tennis,
Handball, gehe zum Boxen, bin im Ballett und
mache Leichtathletik."
„Mensch, das ist aber viel! Und wann machst
du das alles?"
„Morgen fange ich damit an."

Leon kommt von der Reitstunde nach Hause.
Sein Arm steckt in einem Gips.
„Was hast du denn gemacht?", fragt seine Mutter.
„Ich bin vom Pferd gefallen."
„Hoch?"
„Nein, runter!"

Marco und sein Freund Basti gehen angeln. Stundenlang stehen sie am Ufer und Marco schlafen allmählich die Zehen ein. Er tritt von einem Fuß auf den anderen. Da wirft ihm Basti einen bösen Blick zu und zischt: „Angeln oder steppen wir?"

 Nach der Niederlage schimpft der Trainer mit seinem Stürmer: „Wann bekomme ich denn endlich mal wieder etwas Vernünftiges von dir zu sehen?" „Heute Abend im Werbefernsehen – da stelle ich das neue Duschgel vor!"

Nach dem Fußballspiel: „Sag mal, versteht euer Trainer eigentlich wirklich etwas vom Fußball?" „Na klar! Vor dem Spiel erklärt er uns, wie wir gewinnen können und nach dem Spiel analysiert er, warum wir verloren haben!"

Tom prahlt in der Schule: „Mein Opa ist achtzig Jahre alt und joggt jeden Morgen vier Kilometer." „Prima, und was macht er nachmittags?" „Da macht er sich auf den Heimweg."

Auf dem Reitplatz wundert sich der Lehrer:
„Katharina, was hast du denn für ein seltsames Paar Schuhe an? Du trägst ja einen roten und einen grünen Reitstiefel!"
Katharina nickt: „Ich weiß, das Paar habe ich sogar zweimal."

Der Startschuss ertönt. Alle Motorräder rasen los, nur eine Maschine bleibt am Start stehen. Der Rennleiter fragt irritiert:
„Aber warum bleiben Sie denn stehen?"
„Sie haben mir den Reifen zerschossen!"

Der Sportangler sitzt am Teich und wird von einem Einheimischen angesprochen:
„Entschuldigen Sie, aber in diesem Teich schwimmen keine Fische."
„Toll, jetzt haben Sie die ganze Stimmung kaputt gemacht!"

In der Kirche: „Herr Pfarrer, ist es eine Sünde, wenn ich sonntags Fußball spiele?", fragt der Stürmer der Dorfmannschaft.
„Nein", antwortet der Pfarrer, „aber wie du spielst, ist eine Sünde!"

Der Trainer ermahnt seine Spieler:
„Merkt euch gut: Eigenlob stinkt!"
„Trainer, neben mir hat sich gerade jemand
selbst gelobt!"

Wie heißen die Fußballschuhe von Jesus?
Christstollen.

Herr Meier erkundigt sich beim Trainer nach
dem Verhalten seines Sohnes.
„Er macht oft einen verschlafenen Eindruck",
gibt der Trainer Auskunft.
Darauf Herr Meier: „Das sind sicher die Talente,
die in ihm schlummern und erst geweckt
werden müssen!"

Voller Stolz sagt die Wirtin zu einem Gast:
„In diesem Bett hat schon ein berühmter Tennis-
spieler geschlafen!"
„Dann lassen Sie es doch bitte frisch beziehen!"

An einer Bushaltestelle wartet ein Fußballspieler auf den nächsten Bus. Um sich die Zeit zu vertreiben, übt er Dribbelschritte. Da kommt eine ältere Frau auf ihn zu, nimmt ihn bei der Hand und sagt: „Junger Mann, bleiben Sie ganz ruhig! Ich zeige Ihnen, wo die Toilette ist."

Am Ende der Wasserballsaison fasst der Trainer zusammen: „Unsere Mannschaft hat zwar kein einziges Mal gewonnen, aber es ist auch niemand ertrunken!"

Was ist der Unterschied zwischen Bungee-Springen und Tennis? Beim Tennis hat man zwei Aufschläge frei.

Die kleine Lea hat heute ihre erste Reitstunde. Als das Pferd zu traben beginnt, rutscht sie auf dem Pferderücken immer weiter nach hinten und ruft: „Schnell! Bringt mir ein neues Pferd! Meins ist gleich zu Ende!"

Nach dem Golfspiel beschwert sich Marco: „Noch nie habe ich so schlecht gespielt!" Darauf sein Gegenspieler: „Wie, du hast schon mal gespielt?"

Zwei Boxer stehen bereits angespannt im Ring. Es sind nur noch wenige Momente bis zum Gong der ersten Runde. Da flüstert der Coach seinem Schützling zu: „Ich wollte es dir ja eigentlich nicht sagen, aber gestern habe ich durch Zufall gesehen, dass der Sohn deines Gegners deinen neuen Sportwagen demoliert hat!"

Der Reitlehrer fragt: „Und, ist der berühmte Dressurreiter schon von seinem Ausritt zurück?" „Es kann nicht mehr lange dauern. Sein Pferd ist schon da!"

Ingo schwärmt: „Ich gehe jetzt zum Bogenschießen."
„Super. Aber das ist bestimmt schwer, oder?"
„Nein, warum?"
„Geradeausschießen ist ja schon schwer genug."

Der Eishockeytrainer zu seiner Mannschaft: „Jungs, spielt nicht so feurig, denkt an das Eis!"

Johann beschwert sich: „Schade, momentan gibt es wieder so wenig Fußball im Fernsehen."
„Nun ja", meint Sven, „bei dem schönen Wetter können die ja auch wieder draußen spielen!"

Ein Reisender fragt die Dame an der Rezeption:
„Haben Sie noch ein Zimmer frei?"
„Leider nein", antwortet die Dame.
„Hätten Sie denn ein Zimmer für den Bundes-
trainer, wenn er käme?", fragt der Reisende
weiter.
„Ja doch, jederzeit!"
„Dann geben Sie mir doch bitte sein Zimmer.
Er kommt heute nicht."

Lina springt mutig mit ihrem Fallschirm aus dem
Flugzeug. Als sich 1.500 Meter über dem Boden der
Schirm nicht öffnet, wird sie langsam nervös. Bei
1.000 Metern bekommt sie Angst. In 500 Metern
Höhe ist sie völlig verzweifelt. Als es gerade noch
drei Meter sind, meint Lina lässig:
„Halb so wild. Das kleine Stückchen schaffe ich
auch ohne Fallschirm."

Was macht der Tennisprofi, wenn er aus dem
Fenster fällt?
Seinen härtesten Aufschlag.

Lara beschwert sich beim Reitlehrer: „In der Reit-
halle tropft es von der Decke. Ist das immer so?"
„Nein, nur wenn es regnet!"

Im Skikurs fragt Tina ihren Lehrer:
„Wie heißt denn der Berg dort drüben?"
„Woas für oana?"
„Ah, ja. Vielen Dank!"

Zwei Golfer unterhalten sich:
„Meine Frau sitzt oben im Clubhaus. Ich muss einen
perfekten Schlag hinkriegen."
„Quatsch", meint der andere, „von hier aus triffst du
sie sowieso nicht!"

Nach dem Fußballspiel fragt ein Reporter den
Stürmer: „Was ist Ihnen lieber, ein Sieg in der
Bundesliga oder Weihnachten?"
„Weihnachten, das gibt es öfter!"

Ein bekannter Springreiter schreibt von einem
wichtigen Turnier eine Karte an seine Frau:
„Der Wind heult, das Wetter tobt und das Pferd ist
bockig – ich muss ständig an dich denken!"

Lachmuskeltraining
für Jung und Alt

Witze aus dem
Familienalltag

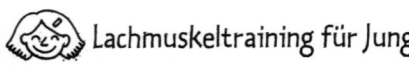

In der Adventszeit dekoriert Mutter Altdorf die
Wohnung besonders festlich.
„Mats, zünde doch schon mal den Adventskranz
an!", fordert die Mutter ihren Sohn auf.
Fragt der Sohn nach einer Weile: „Auch die Kerzen?"

Frau Birnbaum geht mit dem Hund spazieren
und trifft eine Nachbarin.
„So ein schöner Hund!", sagt diese. „Hat er
auch einen Stammbaum?"
 „Ja, die alte Eiche im Park!"

Die eitle Helena steht ständig vor dem Spiegel. Da
lästert ihr kleiner Bruder:
„Jetzt steht sie sogar schon mit geschlossenen
Augen vor dem Spiegel …"
„Na und?", gibt Helena zurück. „Ich wollte nur mal
schauen, wie ich im Schlaf aussehe."

„Ich konnte heute leider nicht in die Kirche
gehen", erklärt der Großvater. „Hat der
Pfarrer denn lange gesprochen?"
„Mindestens eine Dreiviertelstunde", gibt
Karin Auskunft.
„Und worüber hat er gesprochen?"
„Das hat er nicht gesagt."

Sagt die Uroma zum Uropa:
„Wollen wir nicht mal wieder ins Kino gehen?"
„Ach, da waren wir doch neulich erst."
„Das stimmt. Aber ich habe gehört, es gibt
mittlerweile sogar Filme mit Ton!"

Geht eine Frau in eine Bäckerei und sagt:
„Ich möchte gerne Rumkugeln!"
Darauf der Bäcker empört: „Aber bitte nicht
in meinem Laden!"

Familie Kopflos wird auf ihrem Ausflug von der
Polizei angehalten.
„Sie sind viel zu schnell gefahren!", ermahnt der
Polizist. „120 Kilometer in der Stunde."
„Das kann doch überhaupt nicht sein!", entgegnet
der Vater. „Wir sind doch erst vor zehn Minuten
losgefahren!"

„Den Eigensinn hat der Junge von dir",
wirft die Mutter ihrem Ehemann vor.
„Offensichtlich", knurrt dieser. „Du hast
deinen ja noch ..."

„Der Salat schmeckt ja scheußlich!", sagt die Mutter
zu Thomas. „Hast du ihn auch vernünftig gewaschen,
so wie ich es dir gesagt habe?"
„Ja, sogar mit Spülmittel!"

Die Mutter schimpft mit dem kleinen Hans:
„Wenn du weiterhin so frech und ungezogen bist,
dann wirst du später auch mal Kinder bekommen,
die genauso frech sind."
Darauf der kleine Hans: „Jetzt hast du dich aber
verraten, Mama!"

 „Trinkst du deinen Kaffee schwarz?",
fragt Tante Adelheid.
„Welche Farben hättest du denn sonst noch?",
fragt Tante Irmgard zurück.

Tom und seine Oma sitzen vor dem Fernseher und
gucken Fußball. „Noch immer kein Tor", klagt Tom.
„Wieso?", fragt die Oma verdutzt, „da stehen doch
zwei ..."

Oma Hilde bringt ihre Kuckucksuhr zum
Uhrmacher und sagt:
„Reparieren Sie bitte diese Uhr!"
„Wieso?", fragt der Uhrmacher. „Kommt der
Kuckuck nicht mehr zum Vorschein?"
„Doch schon, aber er fragt alle zwanzig Minu-
ten nach der Uhrzeit!"

„Jette ist sehr eitel!", erzählt Sofia ihrer Mutter.
„Ja? Woran merkst du das?"
„Na ja, sie isst ständig Spiegeleier."

Fred ist auf seiner Rundreise durch China ein
begeisterter Tischtennisspieler geworden und
schickt seinem Vater eine SMS: „Es gibt nichts,
was ich jetzt mehr liebe als Pingpong."
Der Vater schreibt zurück: „Einverstanden.
Heirate sie!"

Karlchens große Schwester hat sich neue Winterstiefel gekauft. „Herrlich", schwärmt sie, „ich fühle mich wie in meiner eigenen Haut!"
„Kein Wunder," brummt der Kleine, „es ist ja auch Ziegenleder!"

„Begleitest du mich noch zum Bus?", fragt Tante Luise ihren kleinen Neffen.
„Das geht leider nicht", antwortet der Kleine.
„Sobald du weg bist, schneidet Mama den Kuchen an."

Maik soll geimpft werden, aber er wehrt sich. Als die Ärztin und seine Mutter es schließlich schaffen, ihn zu beruhigen, impft die Ärztin den ängstlichen Jungen. Anschließend fragt sie ihn:
„Weißt du auch, wogegen ich dich geimpft habe?"
„Ja! Gegen meinen Willen!"

Sagt der Sohn zum Vater:
„Hier ist deine Steuererklärung, Papa. Wie weit bist du mit meinen Hausaufgaben?"

Onkel Dieter kommt zu Besuch.
„Gehst du eigentlich schon zur Schule?", fragt er
seinen kleinen Neffen.
„Klar!", antwortet dieser stolz.
„Und was machst du da so?"
„Ich warte darauf, dass sie aus ist."

„Du, Papi", flötet Hannah an ihrem 18. Geburtstag, „findest du nicht auch, dass ich jetzt alt
genug bin, um den Führerschein zu machen?"
„Du schon", antwortet der Vater, „aber unser
Auto nicht!"

Mia sitzt über ihren Hausaufgaben.
„Papi, schreibt man Pferd eigentlich mit F oder V?"
„Puh, das weiß ich auch nicht", antwortet der Vater.
„Schreib doch einfach: Gaul."

„Herr Kampmann, ich denke, die Schmerzen in
Ihrem linken Bein sind altersbedingt", erklärt
der Arzt. Opa Kampmann protestiert:
„Aber mein rechtes Bein ist genauso alt und
tut nicht weh!"

„Mama, ich bekomme keine Pickel mehr!"
„Toll! Wie hast du das nur geschafft?"
„Kein Platz mehr!"

Onkel Heinrich muss vor Gericht. Der Richter sieht ihn streng an und fragt:
„Herr Rosenkamp, wie sind Sie nur auf die Idee gekommen, das Pferd zu stehlen?"
„Es war vor dem Friedhof am Zaun angebunden, da dachte ich, sein Besitzer wäre verstorben."

„Ich bin mächtig stolz auf dich, mein Sohn!", sagt der Vater. „Es gehört schon viel Mut dazu, mir so ein Zeugnis vorzulegen!"

Tante Brunhilde nimmt an einer Schlossbesichtigung teil. Sie ist vom Treppensteigen sehr erschöpft und setzt sich auf einen alten Stuhl. Da sagt der Museumswärter: „Da dürfen Sie nicht sitzen, das ist der Stuhl von Napoleon!"
„In Ordnung", antwortet Tante Brunhilde, „wenn er kommt und sich setzen will, stehe ich auf."

„Und, Lisa, wie geht dein neues Fahrrad?",
fragt Lukas.
„Mein neues Fahrrad geht nicht, es fährt."
„Und wie fährt es?"
„Es geht."

Auf der Familienfeier gibt Tante Heidi ihre schwie-
rigsten Lieder auf dem Klavier zum Besten. Stunde
um Stunde spielt sie wie eine Verrückte. Schließlich
meint der kleine Max: „Du, Tante Heidi, wenn du
nicht mehr anhalten kannst, ich glaube, der rechte
Hebel ist die Bremse!"

Die Mutter erklärt ihrer Tochter, dass eine
Krankheit immer die schwächsten Stellen des
Körpers befällt. Darauf die Kleine: „Jetzt
weiß ich, warum der Vati immer so oft Kopfschmerzen hat ..."

Oma Blechkopf hat sich ein Bein gebrochen.
Der Arzt mahnt: „Mit dem Gips dürfen Sie keine
Treppen steigen!"
Nach zwei Wochen fragt Oma Blechkopf den Arzt:
„Wann darf ich denn wieder die Treppe benutzen?
Auf meine alten Tage wird es mir doch etwas zu
anstrengend, immer an der Regenrinne herauf- und
herunterzuklettern."

„Papi, sieh nur, warum hängt dem Hund denn die Zunge aus dem Maul?"
„Das weiß ich auch nicht. Vielleicht ist sein Kopf zu kurz."

Herr und Frau Meier gehen abends ins Theater.
„Wir sind zu spät!", ärgert sich Herr Meier.
„Das macht doch nichts", sagt seine Frau, „dann bleiben wir am Ende eben ein bisschen länger."

Opa Erwin ist schon etwas zerstreut. Morgens greift er statt des Handspiegels die Bürste seiner Frau und betrachtet sich nachdenklich. „So ein Mist", ruft er. „Da habe ich gestern doch schon wieder vergessen, mich zu rasieren!"

Die Nachbarin sagt bewundernd zu Frau Buchbinder:
„Jetzt bekommen Sie schon das fünfte Kind und lernen nebenbei auch noch Chinesisch!"
„Na, was bleibt mir auch anderes übrig?", fragt Frau Buchbinder. „Ich habe gelesen, dass jedes fünfte Kind, das auf der Welt geboren wird, ein Chinese ist."

Karla entdeckt bei ihrem Vater die ersten weißen Haare. Erschrocken ruft sie:
„Oh nein, Papa, du fängst ja an zu schimmeln!"

Die kleinen Fische sehen zum ersten Mal ein U-Boot.
„Keine Angst, meine Kinder!", sagt die Mama. „Das
sind nur Menschen in Dosen!"

Auf der Kirmes lockt der Losbudenbesitzer:
„Los, kaufen Sie Lose! Der Hauptgewinn ist eine
Reise nach Rom!"
„Ich will aber gar nicht nach Rom", entgegnet
Oma Else.
„Dann kaufen Sie trotzdem Lose. Die meisten
sind sowieso Nieten ..."

„Haben Sie bei dem Einbruch denn nicht an Ihre
arme, alte Mutter gedacht?", appelliert der Richter
an das Gewissen des Einbrechers.
„Doch, aber es war einfach nichts Passendes für sie
dabei."

Fritzchen kommt aus der Schule. Als ihn seine Mutter fragt, was er gelernt habe, erzählt er: „Gott ist ein Quirl!"

„So ein Unsinn!", meint die Mutter. „Das musst du falsch verstanden haben. Frag lieber morgen noch mal den Lehrer."

Als Fritzchen am nächsten Tag nach Hause kommt, fragt die Mutter: „Na, wie ist es nun mit dem Quirl?"

Darauf Fritzchen: „Ja, ja, du hast ja recht, Gott ist ein Schöpfer – aber ich wusste, dass es irgendwas aus der Küche ist ..."

„Mama, Mama, der Julian hat meinen Spielzeugkran kaputt gemacht!"

„Wie das denn?"

„Ich habe ihm damit auf den Kopf gehauen, da ist die Schaufel abgebrochen."

„Das ist aber schön, dass du kommst", begrüßt der kleine Sebastian seinen Onkel an der Tür. „Mama sagte eben erst, du hättest uns gerade noch gefehlt."

Sagt der Pfarrer bei der Taufe: „Und Sie sind absolut sicher, dass Sie Ihren Sohn Axel nennen wollen, Herr Schweiß?"

Mats kommt strahlend von der Schule
nach Hause. „Mami, ich habe mich heute als
Einziger in der Klasse gemeldet!"
„So? Auf welche Frage denn?"
„Wer hat gepupst?"

„Und, Günther, was hat dir der Arzt verordnet?",
fragt die Ehefrau besorgt.
„Höhenluft und viel Bewegung, Marie-Luise."
„Na wunderbar! Dann kannst du ja am Wochenende
endlich den Dachboden aufräumen!"

„Glaubst du, dass es Menschen auf anderen
Sternen gibt?", fragt Tine ihren Bruder.
„Na klar", antwortet dieser prompt, „sonst
wären die Dinger doch nicht jede Nacht
beleuchtet!"

„Ich habe gehört, dass Sie eine Katze besitzen,
die ihren eigenen Namen sagen kann?"
„Ja, das stimmt."
„Und wie heißt sie?"
„Miau!"

Die kleine Susanne ruft im Gemüseladen an.
„Guten Tag. Meine Mutter kommt gleich zu
Ihnen in den Laden. Könnten Sie ihr bitte
sagen, dass der Spinat ausverkauft ist?"

Bei Schlaubergers läuft der kleine Sohn mit einer Gießkanne durch den Garten.
„Was machst du denn da?", fragt die Nachbarin.
„Das sind doch alles künstliche Blumen!"
„Ich weiß, deshalb habe ich ja auch kein Wasser in der Gießkanne!"

„Na, Elli, was hat dir dein großer Bruder denn zum Geburtstag geschenkt?", will die Nachbarin wissen.
„Ein leeres Sparschwein", antwortet Elli.
„Na, das sieht ihm mal wieder ähnlich!"
„Nein, eigentlich nicht", meint Elli, „er hat ein schmaleres Gesicht."

„Ach, Papa", bittet der kleine Olli, „erzähl doch noch
mal, wie Mama euren Zimmernachbarn in
Rom das Leben gerettet hat!"
„Ja, das war so: Mama hat die Arie der Aida im
Hotelzimmer gesungen. Da klopfte die Familie von
nebenan an die Wand und rief: ‚Wenn Sie nicht sofort mit Ihrem Gekreische aufhören, bringen wir uns
um!' Siehst du, da hat sie aufgehört und eine ganze
Familie gerettet!"

Ein Opa sagt zu seinem Enkel: „Ich bin im
metallischen Alter: Silber im Haar, Gold in den
Zähnen und Blei in den Füßen!"

Die Mutti sagt zu ihrem kleinen Sohn:
„Aber, Heini, man darf doch den Zeigefinger nicht
in die Nase stecken."
„Aber welchen Finger soll ich denn sonst nehmen?"

Florian hat ein kleines Brüderchen bekommen.
Sein Freund Ron fragt ihn eines Tages auf dem
Schulweg, wem das Baby denn ähnlich sehe.
Darauf Florian: „Also, die Augen hat es von
Papi, das Grübchen unter dem Kinn von Mutti
und die Stimme von einem Feuerwehrauto!"

Herr Birnbaum hat beim Angeln nur einen winzigen Fisch am Haken. Wütend wirft er ihn ins Wasser zurück und ruft: „Lass dich hier bloß nicht noch mal ohne deine Eltern blicken!"

„Glaubst du, dass die blöde Tante Gerdi einen Platz im Himmel bekommt?", fragt Karlchen seinen Bruder.
„Kann ich mir nicht vorstellen. Drachen können nicht höher als 50 Meter fliegen."

Clara streichelt die Katze ihrer Oma. Da beginnt die Katze zu schnurren. Erschrocken ruft Clara:
„Wo stellt man denn den Motor ab?"

„Papa, sag bitte Mama nicht, dass ich ihr Schokolade zum Geburtstag gekauft habe!"
„Kein Wort, willst du sie damit überraschen?"
„Nein, ich habe sie aufgegessen!"

„Sag mal, warum läuft dein Vater denn im Matrosenanzug durch den Wald? Er ist doch Jäger!"
„Das ist sein neuer Trick! Wenn ihn ein Hase sieht, denkt er doch, Papa geht zum Angeln!"

Beim Familienessen will Lotte ihrem Opa
etwas sagen, aber dieser ermahnt sie: „Wenn
Erwachsene sich unterhalten, müssen Kinder
still sein!" Nach dem Essen fragt der Opa:
„Was wolltest du mir denn sagen, Kind?"
„Jetzt ist es zu spät!", meint Lotte achselzuckend. „Nun hast du die Schnecke im Salat
schon gegessen!"

„Weißt du, wie lange Schlangen leben?",
fragt Till seine große Schwester.
„Wahrscheinlich genauso wie kurze."

Klein Frieda kommt freudestrahlend nach
Hause. Stolz zeigt sie ihrer Mutter eine kleine
Schachtel: „Mami, der Papi hat mir eine Schildkröte gekauft. Die Verkäuferin hat gesagt, bei
guter Pflege wird sie fast 200 Jahre alt!"
Darauf die Mutter: „Na, da bin ich aber mal
gespannt!"

„Opa, warum ist der Elefant so groß?"
„Das weiß ich nicht."
„Opa, warum hat der Löwe eine Mähne?"
„Keine Ahnung."
„Opa, stören dich meine Fragen?"
„Nein, überhaupt nicht, frag nur weiter, sonst lernst du ja nichts!"

Der Gärtner sammelt auf der Straße Pferdeäpfel auf.
„Was machen Sie denn damit?", fragt Stefan.
„Die kommen bei mir zu Hause auf die Erdbeeren."
„Komisch", wundert sich Stefan. „Wir streuen immer Zucker drauf."

„Weißt du, was für einen Grund es geben könnte, einem Mann ins Gesicht zu spucken?"
„Wenn sein Bart brennt!"

Florian und seine Schwester sind im Schwimmbad, als es zu regnen anfängt.
Panisch ruft Florian: „Los, schnell ins Wasser, sonst werden wir nass!"

„Ist dein Papa auch so ernst wie meiner?"
„Ja, er lacht nur zweimal im Jahr!"
„Und warum?"
„Weil meine Mutter sich dann einen neuen Hut kauft."

Fragt die Tante:
„Hilfst du auch immer deiner Mutter?"
„Klar! Ich muss immer die Silberlöffel zählen,
wenn du gegangen bist ...!"

Der Vater kommt vom Angeln zurück und prahlt
stolz: „So einen großen Fang habe ich schon lange
nicht mehr gemacht!"
„Aber, Papa, das ist doch bloß ein alter Schuh ..."
„Ich weiß, aber immerhin mit Schuhgröße 49!"

Fritzchen fragt seine Mutter:
„Können männliche und weibliche Regenschirme
eigentlich Kinder kriegen?"
„Natürlich nicht, so ein Unsinn!"
„Und wo kommen dann die Knirpse her?"

Der kleine Felix packt das Geburtstagsgeschenk
von seiner Oma aus: eine tolle Wasserpistole! Er
quietscht vor Vergnügen und rennt sofort damit
zum Waschbecken. Die Mutter ist nicht so begeistert und stellt ihre Mutter zur Rede:
„Ich bin wirklich erstaunt, dass gerade du ihm eine
Wasserpistole schenkst. Hast du etwa vergessen,
wie sehr du dich geärgert hast, wenn ich damals
damit gespielt habe?"
Ihre Mutter grinst breit und sagt:
„Nein, das habe ich ganz und gar nicht vergessen ..."

Der Vater liest Tom abends noch eine Gutenachtgeschichte vor. Nach einer halben Stunde öffnet die Mutter die Tür und fragt: „Na, schläft er inzwischen?"
Darauf Tom: „Ja, endlich!"

Fragt der Sohn seinen Vater: „Papa, ist der Stille Ozean den ganzen Tag still?"
Der Vater erwidert ernst: „Frag mich mal lieber etwas Sinnvolles!"
Darauf der Sohn: „Na gut, Papa. Woran ist das Tote Meer gestorben?"

„Ich stamme aus einer Familie mit einer langen Tradition", prahlt Frau Birnbaum. „Mein Onkel besitzt eine Uhr, die früher Friedrich dem Großen gehört hat!"
„Ach, das ist doch gar nichts", erwidert Frau Huber. „Mein Großvater hat nämlich einen Adamsapfel!"

Herr Müller geht ins Geschäft und verlangt Mottenpulver. Die Dame hinter ihm in der Schlange wundert sich: „Also wirklich, bei uns müssen die Motten fressen, was sie finden! Extrafutter kaufen wir nie!"

Einen Tag vor ihrem Geburtstag liegt Nadja im Bett und liest. Ihre Mutter kommt ins Zimmer und sagt streng: „Jetzt mache ich aber das Licht aus, du musst endlich schlafen!"
Darauf Nadja: „Mutti, das geht nicht. Ich muss doch wissen, wer die hübsche Prinzessin bekommt. Das Buch ist für Kinder zwischen acht und zehn Jahren. Morgen bin ich doch aber elf!"

„Du, Opa, was ist das Wichtigste
an einer Knackwurst?"
„Das N."

Die Mutter hat Jule zum zehnten Mal ins Bett geschickt. Mühsam beherrscht sagt sie:
„Wenn ich noch einmal das Wort Mama höre, dann flippe ich aus!" Ein paar Minuten später piepst es aus dem Kinderzimmer: „Frau Müller, könnte ich noch etwas zu trinken haben?"

Morgens sagt die Mutter zu Klara:
„Wasch dir doch bitte noch die Hände, bevor
du in die Schule gehst."
„Wieso? Ich melde mich doch sowieso nicht!"

Benni hat heute Geburtstag.
„Alles Gute! Was wünschst du dir denn heute?",
fragt der Vater.
„Ich wünsche mir einen Hund!"
„Nein, das geht nicht, wünsch dir etwas anderes!"
„Okay! Dann wünsche ich mir, dass wir einen Tag
die Rollen tauschen."
„Alles klar!"
„Gut, dann zieh dir deine Jacke an! Wir gehen jetzt
in die Stadt und kaufen Benni einen Hund!"

Nach dem Haareschneiden schaut Georg in
den Spiegel. Der Friseur fragt:
„Ist es so recht, junger Mann?"
„Hinten dürfte es ruhig noch etwas länger
werden", erwidert Georg.

„Mama", flüstert der kleine Heinz während der Ballettvorstellung, „die tanzen ja alle auf den Zehenspitzen! Warum nehmen die nicht gleich größere Mädchen?"

„Du meinst wohl, ich bin ein vollkommener Depp, was?", fragt Stefan seinen Bruder Anton. „Nein", meint Anton. „Auf dieser Welt ist niemand vollkommen!"

Die Mutter mahnt: „Johannes, iss dein Brot auf."
„Ich mag aber kein Brot."
„Du musst aber Brot essen, damit du groß und stark wirst!"
„Warum soll ich denn groß und stark werden?"
„Damit du dir dein Brot verdienen kannst."
„Ich mag aber doch gar kein Brot!"

„Paula, wo ist denn das Stück Kuchen, das gerade noch hier auf meinem Teller lag?", fragt Tante Kerstin.
„Das habe ich einem hungrigen Mädchen gegeben", antwortet Paula.
„Das ist aber nett von dir! Wer war es denn?"
„Ich."

„Aber, Frieda, was machst du denn für ein Gesicht?"
„Wenn ich Gesichter machen könnte", antwortet Frieda, „hättest du längst ein anderes!"

„Thomas! Du hast ja beide Stücke Kuchen aufgegessen. Hast du denn gar nicht an deine Schwester gedacht?", fragt die Mutter verärgert.
„Doch, na klar, sonst hätte ich ja nicht sofort beide gegessen!"

„Bernd, du liegst ja verkehrt herum im Bett!", stellt die Mutter morgens entsetzt fest.
„Gott sei Dank!", sagt der Vater. „Dann tun mir ja nur die Füße weh. Ich dachte schon, ich hätte Kopfschmerzen!"

Der kleine Ralf entdeckt, dass sein Bett noch nicht bezogen ist. Schließlich fragt er:
„Mami, schlafe ich denn heute ohne jede Beziehung?"

Frau Birnbaum geht mit ihrer Tochter zum Arzt.
„Frau Birnbaum, stottert Ihre Tochter immer so?"
„Nein. Nur, wenn sie etwas sagen will."

Eva hat heute in der Schule gelernt, dass die Erde sich dreht. Ihre Mutter schickt sie am Nachmittag zum Einkaufen. Als Eva nach zwei Stunden immer noch nicht zurück ist, schaut ihre Mutter aus dem Fenster, um zu sehen, wo die Tochter bleibt. Eva sitzt gemütlich auf einer Bank in der Sonne.
„Was machst du denn da?", ruft die Mutter.
„Ich warte, bis der Supermarkt vorbeikommt!"

„Jetzt reicht es mir aber langsam", faucht Elena. „Wie oft habe ich dich schon gebeten, mir endlich die fünf Euro zurückzugeben, die ich dir geliehen habe?"
„Nun mal schön langsam", meint ihre Schwester. „Wie oft musste ich dich denn bitten, bis du sie mir überhaupt erst geliehen hast?"

Die Mutter ist am Ende ihrer Geduld.
„Warum zankt ihr euch denn immer, du und dein Bruder?"
„Das weiß ich nicht, aber vielleicht komme ich ganz nach dir und er nach Papa."

Der Postbote lugt durch den Briefkastenschlitz und sagt: „Nun hören Sie schon auf zu bellen, Herr Bayer. Es ist keine Rechnung dabei!"

Familie Meier will im Sommer nach Italien reisen. Beim Abendessen berichtet Frau Meier ihrem Mann besorgt:
„In Italien ist ein Vulkan ausgebrochen!"
Darauf ihr Mann: „Ach, den fangen sie schon wieder ein!"

„Bevor wir in den Urlaub fahren, ist meine Frau wie ein Krimi", erzählt Herr Sommer.
„Wieso wie ein Krimi?"
„Na ja, packend bis zum Schluss!"

Frau Kirschbaum stürmt in den Laden und ruft: „Schnell, schnell, eine Mausefalle! Ich muss den Bus noch erwischen!"
„Tut mir leid, aber so große Fallen führen wir nicht."

Max und seine Schwester Karla können sich nicht einigen, was sie sich abends im Fernsehen angucken wollen. Max möchte ein Fußballspiel sehen, Karla lieber den Krimi.
„Fußball ist so langweilig", sagt sie, „man weiß immer sofort, wer geschossen hat!"

Fragt der Vater: „Wie heißt die Weinsorte, die am Fuße des großen Vulkans wächst?"
Leni weiß es: „Glühwein natürlich."

Der Neffe zum Onkel:
„Vielen Dank für das wundervolle Geschenk."
„Du brauchst dich doch nicht extra zu bedanken,
das habe ich doch gern gemacht", erwidert der
Onkel.
„Dieser Meinung bin ich auch, aber Mutti hat gesagt,
dass ich mich trotzdem bei dir bedanken soll."

Paul lässt in der Wohnung seiner Tante eine
große Vase fallen. Sie zerbricht in tausend
Stücke. Die erblasste Tante stammelt:
„Die Vase war aus dem 17. Jahrhundert!"
Darauf Paul erleichtert: „Gott sei Dank, ich
dachte schon, sie sei neu."

„Opa, was macht denn dein frisch gedüngter Rasen?"
„Er stinkt mir."

Leon berichtet: „Heute bin ich in der Schule gelobt worden."
„Wofür denn?", möchte die Mutter wissen.
„Von allen Schülern, die heute nachsitzen mussten, war ich der bravste!"

„Musst du denn die ganze Zeit vor dem Fernseher hocken?", fragt Frau Silberstein ihren Sohn.
„Nee, ich mache das freiwillig."

Familie Dornbusch sitzt im Zug, auf dem Weg in die Ferien.
„Fährt der Zug schon los?", will Frau Dornbusch wissen.
„Nein, die tragen natürlich den Bahnhof an uns vorbei."

Die kleine Paula kommt mit pitschnassen Haaren ins Zimmer. Daraufhin tadelt sie der Vater:
„Ist es wirklich nötig, dass du deinen Fischen einen Gutenachtkuss gibst?"

Onkel Speck steigt beim Arzt auf die hochmoderne Waage. Da ertönt eine Roboterstimme:
„Bitte immer nur eine Person!"

Finchen macht mit ihrer Familie Urlaub auf dem Bauernhof der Großeltern. Am Abend sieht Finchen, wie die Oma ein Huhn rupft. Sie fragt: „Omi, ziehst du die Hühner nachts immer aus?"

Emma kommt aus der Schule und freut sich:
„Mama, der Lehrer hat heute in der Schule gesagt, dass der Strom immer teurer wird. Da kannst du dich aber freuen, dass ich keine große Leuchte bin!"

Herr und Frau Meyer haben Besuch vom Pfarrer. Er tätschelt der Tochter den Kopf und fragt:
„Wo ist das Himmelreich, mein Kind?"
„In Erlangen."
„Wie kommst du denn darauf?"
„In der Bibel steht doch: Suchet das Reich Gottes zu erlangen ..."

Frau Silberstein weiß sich nicht mehr zu helfen und droht ihrem frechen Sohn:
„Wenn du nicht sofort damit aufhörst, ist das Abendessen gestrichen!"
„Echt?", fragt dieser begeistert. „In welcher Farbe denn?"

Familie Dornbusch sitzt am Frühstückstisch.
„Du hast die Eier schon wieder zu hart gekocht!", beschwert sich Herr Dornbusch bei seiner Frau.
„Dann probier's doch mal ohne Schale, Herbert!"

Bauer Knallkopf fährt wie ein Irrer mit der Dampfwalze über sein Feld.
„Was ist denn mit dem los?", fragt ein Nachbar.
„Ach, der hat sich den Kopf gesetzt, dass er statt Kartoffeln nun Kartoffelbrei anbauen möchte ..."

„Unser Tom ist jetzt auf dem Gymnasium!"
„Und, wann macht er Abitur?"
„Das Abitur? Nein, nein! Er deckt das Dach!"

In der Schule streiten Jim und Luis, wer den stärkeren Papa hat.
„Kennst du den Bodensee?", fragt Jim. „Mein Papa hat das riesige Loch dafür gegraben!"
„Aha", erwidert Luis, „und kennst du das Tote Meer? Mein Papa hat es nämlich erschlagen!"

Als Til stolpert, fallen ihm seine Stifte herunter und verteilen sich auf dem Boden.

„Scheiße", flucht er daraufhin.

Das hört seine Tante und ermahnt ihn: „Til, solch ein Wort benutzt man nicht. Ich gebe dir zehn Euro, wenn du das nie wieder sagst!"

„O.k.", lenkt Til ein, „ich kenne aber noch ein Wort, das ist bestimmt 20 Euro wert!"

Nach der Halbzeitpause sagt am Spielfeldrand ein Vater zum anderen: „Mensch, irgendwie sind unsere Jungs jetzt in der zweiten Halbzeit noch langsamer geworden ..."

„Kein Wunder. Der Trainer hat sie in der Pause ordentlich zur Schnecke gemacht!"

„Na, Thomas, wie findest du das Wetter heute?"
„Wie immer. Ich öffne die Tür und da ist es."

Ein älterer Mann sitzt gemütlich auf der Parkbank, als ihn plötzlich ein Fußball am Knie trifft. Der Mann schreit den Schützen an: „Willst du etwa eine Ohrfeige von mir?"
„Nein danke", antwortet der Junge. „Meine Mutter hat mir verboten, etwas von fremden Männern anzunehmen."

„Wir sind eine sehr wissbegierige Familie."
„So?"
„Ja, meine Schwester macht einen Französischkurs, meine Mutter macht einen Kochkurs und mein Vater macht Konkurs!"

„Benutzt ihr für euer Baby auch diese besonders saugfähigen Windeln?"
„Nein, es bekommt Trockenmilch und wir stauben es nur ab."

Als Tim mit seinem Opa in den Zoo geht, sehen sie am Zaun des Zebra-Geheges ein Schild: „Frisch gestrichen".
Da sagt Tim enttäuscht:
„Schade, ich dachte, die Streifen seien echt."

„Meine Eltern sind komisch", beschwert sich Heidi bei ihrer Freundin. „Erst haben sie mir mit viel Mühe das Reden beigebracht und jetzt, wo ich es endlich kann, verbieten sie mir dauernd den Mund!"

„Mama, Mama, in der Schule lachen mich alle aus, weil ich so große Füße habe!"
„Ach, das ist doch Unsinn! Und jetzt stell deine Schuhe in die Garage, damit wir essen können!"

Die kleine Evi läuft zur Mutter: „Mutti, ich bin von einem Floh gebissen worden!"
„Das kann nicht sein. Das muss ein Irrtum sein!"
Da läuft Evi zum Vater: „Papi, Papi, ich bin von einem Irrtum gebissen worden!"

Julia ist das erste Mal mit ihrer Oma in der Kirche.
Nach dem Halleluja fragt sie erstaunt: „Ob mich der
Pfarrer wohl kennt?"
„Wie kommst du denn darauf?"
„Hast du denn nicht zugehört? Er sang doch eben
,Hallo, Julia'!"

Ein kleines Mädchen geht mit drei großen
Eistüten in der Hand am Strand entlang.
Gerade als sie bei ihren Eltern angekommen
ist, rutscht ihr eine aus der Hand und
fällt in den Sand.
„Oh je!", ruft sie, „jetzt habe ich dein Eis
fallen lassen, Papa!"

„Ich weiß gar nicht, was ich eurer Mutter dieses
Jahr zu Weihnachten schenken soll."
„Dann frag sie doch einfach", schlägt der älteste
Sohn vor.
„So viel wollte ich auch nicht ausgeben!"

Witzig unterwegs

Die besten Reise-Witze

Drei Schiffbrüchige sitzen auf einer einsamen Insel. Eines Tages wird eine Flasche angespült. Als sie die Flasche öffnen, erscheint ein Flaschengeist.

„Ihr habt jeder einen Wunsch frei, weil ihr mich befreit habt!", sagt der Geist.

Der Erste sagt aufgeregt: „Ich wünsche mir, nach Hause zu kommen!"

Der Wunsch geht sofort in Erfüllung und der Mann verschwindet.

Auch der Zweite wünscht sich, wieder nach Hause zu dürfen.

Auch dieser Wunsch geht sofort in Erfüllung und der zweite Mann verschwindet.

Der Dritte meint daraufhin: „Ach, ist das langweilig, so allein hier. Ich wünschte, die beiden anderen wären wieder da!"

„Erst gestern ist mein Bruder von einer Weltreise zurückgekommen", schwärmt Holger. „Er war in Amerika, Australien, Asien und überall in Afrika."

„Oh, dann hat er ja sicher auch die Sahara besucht."

„Das ist ja eine Unverschämtheit", empört sich Holger, „mein Bruder ist doch glücklich verheiratet!"

Jens macht zusammen mit seiner Frau den ersten Urlaub in den Alpen. Oben auf dem Berg angekommen, schwärmt sie:
„Herrlich, wie der Föhn rauscht!"
Darauf Jens: „Völliger Blödsinn, wer sollte sich denn mitten im Gebirge die Haare trocknen?"

„Mein Teller ist ganz nass", beschwert sich ein Reisender im Luxushotel.
„Sei bloß ruhig", flüstert seine Begleitung, „das ist doch schon die Suppe!"

Ein Tourist bereist ein Land, in dem er vorher noch nie war. Am ersten Tag seines Urlaubs sitzt er in einem Restaurant und fragt den Kellner:
„Regnet es hier oft?"
Da antwortet der Kellner: „Keine Ahnung, an diesem Tisch bedient mein Kollege."

„Mama, warum darf Lotti nicht auf den Leuchtturm?"
„Weil sie immer versucht, den Hubschrauber zu füttern."

Am Bahnhof wartet die Lehrerin mit ihren Drittklässlern auf den Zug, der sie in die Jugendherberge bringen soll. Nachdem sie bereits eine Stunde am Bahnsteig gestanden haben, sagt die Lehrerin:
„Den nächsten Zug nehmen wir aber, egal, ob 1. oder 2. Klasse draufsteht!"

Mitten in der Wüste: „Wie komme ich zu der nächsten menschlichen Behausung?"
„Da fahren Sie jetzt immer geradeaus und übermorgen biegen Sie links ab."

♡

Herr Hintermoser schleppt die Koffer seiner Frau zum Bahnhof und keucht:
„Uff! Das ist ein verdammt schwerer Abschied!"

Ferien auf dem Bauernhof. Der kleine Willi fragt den Bauern:
„Warum stehen die Hühner eigentlich immer so früh auf?"
Darauf der Bauer schmunzelnd:
„Nun ja, schlaf du doch mal im Sitzen auf einer Stange."

Der ehemalige Erdkundelehrer fragt Frau Meier:
„Ich habe gehört, Ihr Sohn ist in Amerika?"
„Ja, das dachte ich auch. Aber die letzte Postkarte
kam aus Frankreich."
Da seufzt der Lehrer: „Ja, der Paul war schon immer
schlecht in Erdkunde!"

„Haben Sie Postkarten mit Möhren drauf?"
„Warum denn mit Möhren?
„Ich möchte sie meinem Pony schicken."

Der Reiseleiter erklärt: „Es gibt hier drei Sorten
Bäume: Fichten, Lärchen und Sodabäume."
Ein Tourist hakt nach: „Sodabäume?"
„Ja, die stehen einfach so da."

Anna macht Ferien auf dem Reiterhof.
„Reite ich zu schnell?", fragt die Reitlehrerin
besorgt.
„Nee, Sie nicht, aber ich!", keucht Anna.

 Völlig außer Atem rennt ein Mann über den Boots-
steg, schleudert seinen Koffer auf die drei Meter ent-
fernte Fähre, springt panisch hinterher und zieht sich
mit letzter Kraft an Bord.
„Puh, gerade noch geschafft!"
„Gar nicht so schlecht", meint der Matrose, „aber
warum haben Sie nicht einfach gewartet, bis wir
anlegen?"

Auf dem Weg in den Urlaub treffen sich zwei
Männer im Zug.
„Was machen Sie denn beruflich?"
„Ich bin Straßenverkäufer."
„Ach, wirklich? Was kostet ein Meter denn so?"

Ein Reisebus ist gegen einen Baum gefahren. Die
Polizei erscheint am Unfallort und fragt:
„Wie ist denn das passiert?"
Der Busfahrer antwortet panisch:
„Ich kann mir das auch nicht erklären, ich war
gerade hinten beim Kassieren ..."

Ein Gast beschwert sich an der Rezeption:
„Das ist einfach unglaublich! Gestern Abend
haben zwei Ratten in meinem Zimmer
gekämpft!"
Darauf die Wirtin trocken: „Bei so einem
niedrigen Zimmerpreis können Sie aber auch
keinen Stierkampf erwarten."

Was sagt ein Hai, nachdem er einen Surfer
gefressen hat?
„Nett serviert, so mit Frühstücksbrettchen."

Nachdem die Fähre gesunken ist, treiben zwei
Schiffbrüchige auf dem Meer. Fragt der eine:
„Weißt du, wo sich Land befindet?"
„Ja, etwa 20 Meter weit entfernt."
„Wo denn? Im Osten oder im Westen?"
Sagt der andere: „Unten."

Auf einer Safari begegnet den Urlaubern ein Tiger.
Ängstlich fragt einer der Reisenden:
„Ist der denn nicht gefährlich?"
„Nein, keine Sorge, der ist satt!", antwortet der
Reiseleiter.
„Woher wissen Sie denn das?"
„Weil Herr Schmidtke fehlt!"

Ein Passagier fragt die Stewardess: „Wofür
braucht das Flugzeug den Propeller?"
„Damit der Pilot nicht schwitzt", antwortet
die Stewardess.
„Nein, das kann doch nicht sein!"
„Doch, doch. Einmal ist der Propeller ausgefallen.
Was meinen Sie, wie der Pilot geschwitzt hat!"

Ole berichtet von seinem Safari-Urlaub: „Stell dir vor, ich war in der Wüste so ganz allein. Plötzlich faucht es hinter mir. Ich drehe mich um und sehe einen Löwen! Da bin ich aber schnell auf einen Baum geklettert."
Sina ist irritiert: „Aber in der Wüste gibt es doch keine Bäume!"
Darauf Ole: „Du kannst mir glauben, das war mir in dem Augenblick ganz egal!"

Vor dem Abflug verteilt die freundliche Stewardess Kaugummis an die Fluggäste.
„Das ist gut für die Ohren", sagt sie.
Nach der Landung ruft ein Gast empört:
„Können Sie mir wohl auch verraten, wie man das Zeug wieder aus den Ohren bekommt?"

Familie Hampelmus fährt in den Urlaub.
„So", meint der Vater, „einen Parkplatz haben wir endlich. Jetzt müssen wir nur noch nachsehen, in welcher Stadt wir sind."

Ein Wanderer bezwingt einen hohen Berg.
Unterwegs begegnet er einem Bergsteiger, der ihm vom Gipfel entgegenkommt. Dieser sagt freundlich: „Grüß Gott."
Da meint der Wanderer: „So weit gehe ich heute aber nicht mehr hinauf."

„Wie war denn das Wetter in Norwegen?", fragt Susi
ihre Freundin.
„Ausgezeichnet! Wir hatten jeden Tag 30 Grad."
„30 Grad in Norwegen? Das glaube ich nicht!"
„Doch, wirklich. Vormittags 15 Grad und nachmittags
15 Grad."

Ben sieht zum ersten Mal das Meer.
„Komisch", sagt er. „Ich dachte, das Meer sei so
tief."
„Und wieso glaubst du, dass es das nicht ist?",
fragt die Mutter.
„Es geht den Möwen doch gerade mal bis zum
Bauch."

Beim Abendessen im Hotel:
„Herr Ober, bringen Sie mir das leckere Essen, das
sie dem Herrn am Nachbartisch serviert haben!"
„Bedaure, meine Dame", sagt der Ober, „aber ich
glaube nicht, dass der Herr sich sein Essen so einfach wegnehmen lässt."

Ein Tourist fragt einen Ortskundigen:
„Wie komme ich denn bitte von hier aus am
schnellsten ins Krankenhaus?"
Darauf der andere:
„Also, wenn Sie es wirklich eilig haben, dann
stellen Sie sich doch einfach mitten auf die
stark befahrene Kreuzung! Dann werden Sie
sogar mit Blaulicht hingefahren!"

„Wusstest du, dass es auf Mallorca Menschenfresser gibt?", fragt Luis nach den Ferien.
„Nein, wie kommst du darauf?"
„Weil ich gelesen habe, dass sie dort hauptsächlich von den Touristen leben!"

Familie Müller macht Urlaub auf dem Bauernhof.
„Warum hat die Kuh denn gar keine Hörner, Papa?", fragt die kleine Greta.
„Weil sie ein Pferd ist."

Ein heftiger Sturm tobt auf dem offenen Meer.
Fragt der Ober den seekranken Passagier:
„Soll ich Ihnen das Mittagessen in die Kabine bringen oder sollen wir es gleich für Sie über Bord werfen?"

Herr Birnbaum möchte sich für seinen
Abenteuerurlaub einen Fallschirm kaufen und
lässt sich im Geschäft beraten. „Öffnet dieser
Fallschirm denn auch sicher im richtigen Moment?", fragt Herr Birnbaum skeptisch.
Darauf der Verkäufer: „Wenn nicht, können Sie
ihn jederzeit umtauschen!"

Lieselotte erzählt ihrer Nachbarin: „Hast du schon
gehört? Der Paul ist von der Zugspitze abgestürzt!"
Die Nachbarin wundert sich: „Was hatte er denn
auch auf der Lokomotive zu suchen?"

Frau Rosen fährt mit ihrem Wohnmobil zu
schnell. Die Polizei hält sie an und verpasst ihr
einen Strafzettel. Frau Rosen lässt das völlig
kalt: „Den lese ich aber erst zu Hause! Wenn ich
meine Brille nicht dabeihabe, kann ich kaum
etwas sehen."

Die kleine Maike möchte eine Postkarte von der
Klassenfahrt schicken. Sie fragt den Verkäufer:
„Haben Sie eine 55-Cent-Briefmarke?"
„Das tut mir leid", sagt der Verkäufer. „Ich habe
leider nur noch 70-Cent-Briefmarken. Aber die
kannst du auch auf deine Postkarte kleben."
„Hm, lieber nicht", meint Maike. „Sonst reist die
Karte noch zu weit."

„Herr Ober, wo kommt denn dieses schrecklich zähe Hühnchen her?", fragt ein Urlaubsgast den Kellner.
Dieser weiß Bescheid: „Vielleicht aus einem hart gekochten Ei!"

Michel geht spazieren. Neben ihm hält ein Auto an, der Fahrer fragt: „Wie weit ist es denn noch bis Hamburg?"
„Wenn alles gut läuft, sind Sie in elf Monaten da!"
Der Fahrer wird böse: „Das kann ja wohl nur ein Scherz sein! Ich dachte, ich bin in 20 Minuten da!"
 Darauf Michel achselzuckend: „Dann sollten Sie in die andere Richtung fahren."

Nach den Ferien beschwert sich Britta bei ihrer Freundin: „Ich wollte im Sommer doch so gerne wellenreiten, aber meinst du, ich hätte den störrischen Gaul ins Wasser bekommen?"

Herr Kampmann irrt durch den Urlaubsort.
Völlig verzweifelt spricht er einen Passanten an:
„Entschuldigen Sie, aber ich suche die Kupferstraße!
Können Sie mir helfen?"
„Kupferstraße?", fragt der Passant. „Die gibt es
hier nicht. Hier in der Gegend gibt es nur noch die
Goethestraße."
„Ja, genau! Das ist sie!", freut sich Herr Kampmann.
„Ich habe sie nur verwechselt. Goethe mit Schiller,
Schiller mit Lessing, Lessing mit Messing, Messing
mit Kupfer."

Stefan dreht mit einer dicken Wange im
Freibad seine Runden.
„Hast du Zahnschmerzen, mein Junge?", fragt
der Bademeister.
„Nee", nuschelt Stefan, „aber gestern wurde
mir meine Seife geklaut. Das passiert mir
heute nicht schon wieder!"

Zwei Touristen spazieren durch die holländische
Dünenlandschaft. Da sagt der eine zum anderen:
„Hier muss es aber sehr glatt gewesen sein! Sieh
nur, wie viel Sand die gestreut haben!"

Zwei Rucksack-Touristen wandern entlang einer australischen Landstraße.
„Weißt du eigentlich, wie man ein Känguru fängt?", fragt der eine.
„Natürlich! Man fragt es, ob es einen Zehn-Euro-Schein wechseln kann, und wenn es dann beide Pfoten in den Beutel gesteckt hat, schnappt man zu!"

„Stell dir vor, wir haben einen 2.000 Meter hohen Berg bestiegen, und das, nachdem wir schon drei Kilometer gelaufen sind!", prahlt Fritz nach den Ferien bei seinem Schulfreund. Dieser meint darauf unbeeindruckt: „Das ist kein Kunststück, mit dem Anlauf schafft es doch jeder auf den Berg!"

Der Briefträger ist sauer, weil er wegen einer Postkarte zum Leuchtturm hinausrudern muss und mault den Leuchtturmwächter an.
„Sei bloß vorsichtig!", warnt dieser. „Wenn du noch mehr schimpfst, abonniere ich bald die Tageszeitung!"

Im Urlaub testet Familie Buntschuh ein neues Restaurant. Nach dem Essen sagt der Vater: „Schade, dass wir dieses Lokal nicht schon früher entdeckt haben."
„Hat es Ihnen so gut geschmeckt?", fragt der Kellner erfreut.
„Nein, aber dann wäre der Fisch vielleicht noch frisch gewesen."

Frau Wischmeier bucht ihre nächste Reise nach Bangkok. Das Fräulein im Reisebüro fragt: „Möchten Sie über Athen oder Bukarest fliegen?" „Weder noch. Ich möchte über Ostern fliegen."

Familie Krone verreist. Am Bahnsteig fragt der Vater einen Passanten: „Wissen Sie, wann der nächste Zug kommt?" „Es wird bestimmt nicht mehr lang dauern. Die Schienen liegen ja schon!"

Treffen sich zwei Unterhosen in der Waschmaschine. Sagt die eine: „Wow, du bist aber schön braun. Warst du im Urlaub?"

„Nun, Herr Schneider, wie hat Ihnen denn die Sixtinische Kapelle in Rom gefallen?" „Die habe ich nicht gesehen", erwidert Herr Schneider. „Die wird wohl auf Tournee gewesen sein!"

Am Ufer des Sees Genezareth fragt ein Tourist einen Schiffer, was eine Überfahrt kostet.
„Fünfzig Dollar!", fordert der Schiffer.
„Was? Das ist ja wahnsinnig teuer!", entrüstet sich der Tourist.
„Ja, wissen Sie", belehrt ihn der Schiffer, „Jesus ging zu Fuß über diesen See!"
„Kein Wunder!", meint der Fremde. „Bei diesen Preisen!"

Unterhalten sich zwei Kollegen:
„Hast du schon Pläne für deine Ferien gemacht?"
„Das brauche ich nicht: Meine Frau bestimmt wo, mein Chef bestimmt wann und meine Bank rechnet aus, wie lange ich Urlaub mache!"

Eine Reisegruppe besucht das Heimatmuseum.
„Und jetzt", erklärt der Reiseführer, „betreten Sie die Wohnstube einer armen Bauernfamilie aus dem 19. Jahrhundert."
„Von wegen arm!", ruft einer aus der Gruppe. „Schauen Sie sich doch nur die vielen Antiquitäten an!"

Martin und Lena besuchen im Urlaub ein Konzerthaus. „Herrje, ist das hier eine miese Akustik!", beschwert sich Lena.
„Stimmt", pflichtet Martin ihr bei. „Ich rieche das auch schon die ganze Zeit."

Die Lehmanns erzählen ihren Nachbarn stolz von ihrem Sommerurlaub in Norwegen.
„Haben Sie denn auch die vielen Fjorde gesehen?", fragt der Nachbar.
Darauf Herr Lehmann: „Natürlich. Sie glauben gar nicht, wie zutraulich diese Tierchen sind!"

Tante Hildegard macht eine Wanderung durch die Berge. Sie fragt den Wanderführer:
„Stürzen hier oft Menschen in die Tiefe?"
Der schüttelt den Kopf: „Nein, wenn sie stürzen, dann nur ein Mal."

Im Reisebüro klingelt das Telefon.
„Bieten Sie Reisen nach Ägypten an?"
„Ja, natürlich."
„Welche Ferienorte können Sie denn empfehlen?"
„Alexandria, Dumanhur, Kairo ..."
„Kairo passt."
„Und für wann darf ich die Reise buchen?"
„Gar nicht. Ich brauchte den Ortsnamen fürs Kreuzworträtsel."

Familie Meier macht Urlaub in der Schweiz.
„Es wäre wirklich interessant zu wissen, warum die Häuser in der Schweiz so häufig aus Holz sind", meint Herr Meier.
Luise weiß es: „Das ist doch ganz klar, Papa! Die Schweizer brauchen die Steine alle schon für ihre Berge!"

„Und, Karl, wo warst du dieses Jahr im Urlaub?"
„Neun Stunden in einer Schlucht und drei Wochen im Krankenhaus."

„Was hat denn der Gast von Tisch vier ins Beschwerdebuch geschrieben?", fragt der Chef des Strandlokals.
„Nichts. Er hat einfach kommentarlos sein Schnitzel hineingeklebt."

„Wohin fahren Sie denn in den Urlaub?"
„Nach Sicht."
„Wo liegt denn das?"
„Ich weiß es auch nicht! Aber in der Zeitung heißt es immer: Schönes Wetter in Sicht."

Im Bahnhof fährt der Zug nach Norderney langsam an. Ein Mann rennt keuchend die Stufen zum Bahnsteig hinauf, doch er ist zu spät und der Zug fährt ohne ihn ab. „Na, haben Sie den Zug verpasst?", fragt eine Dame mitfühlend.

„Ja klar", antwortet der Mann genervt, „oder glauben Sie etwa, ich habe versucht, ihn zu verscheuchen?"

„Warst du eigentlich schon einmal in Paris?", fragt Felix.
„Nein, noch nie", antwortet Marie.
„Dann müsstest du eigentlich meinen Nachbarn kennen. Der war auch noch nie in Paris."

Auf hoher See: „Nein, gnädige Frau, es handelt sich durchaus nicht um einen Wasserrohrbruch. Das Schiff sinkt."

Wie wurde das Jodeln erfunden?
Zwei Japaner wanderten durch die Alpen und ihr Radio fiel in eine Schlucht. Da sagte der eine zum anderen: „Holdudieladio!"

Ulrike macht mit ihren Sprösslingen einen Ausflug mit dem Bus. Sie fragt den Busfahrer:
„Muss ich für die Kinder auch zahlen?"
„Unter sechs nicht!"
„Gut, ich habe nur zwei!"

Das große Kreuzfahrtschiff passiert eine kleine abgelegene Insel. Am Strand der Insel fuchtelt eine heruntergekommene Gestalt wild mit den Armen, springt wie verrückt hin und her und versucht offensichtlich, mit allen Mitteln auf sich aufmerksam zu machen.
„Was macht der denn da?", fragt ein Passagier den Kapitän.
„Ach, der freut sich immer so, wenn wir hier vorbeikommen ..."

Tim und Tom gehen nach dem Skifahren ins Restaurant.
„Servieren Sie auch Flaschen?", fragt Tom.
„Wir servieren grundsätzlich jedem", antwortet der Ober.

„Na, hattest du in Griechenland Schwierigkeiten mit deinem neuen Sprachcomputer?"
„Ich nicht, aber die Griechen ..."

„Fahren Sie dieses Jahr wieder nach Österreich
zum Zelten?"
„Ja."
„Nehmen Sie da auch Ihren Schlafsack wieder mit?"
„Ja, mein Mann kommt auch mit."

Ein deutscher Tourist steht gedankenverloren
am Tresen eines Schnellrestaurants in New
York. Die Bedienung fragt freundlich:
„Chicken, Mister?"
Daraufhin der Gast: „No, ich esse hier."

Ein Ehepaar erkundigt sich an der Rezeption des
Hotels: „Was kostet bei Ihnen ein Doppelzimmer?"
„Das kommt ganz auf die Lage an!"
„Wir schlafen immer auf dem Rücken!"

Egon und Willi gehen am Strand spazieren.
Plötzlich sagt Willi:
„Sieh mal, eine tote Möwe!"
Egon guckt nach oben: „Wo?"

Zwei Zahnstocher machen einen Ausflug.
Plötzlich läuft ein Igel an ihnen vorbei.
Da sagt der eine Zahnstocher zum anderen:
„Wusstest du, dass hier ein Bus fährt?"

Winkt ein Gast im Lokal dem Kellner: „Herr Ober, ich
habe jetzt schon zehnmal ein Schnitzel bestellt!"
„Ja, bei so großen Mengen dauert es eben ein bisschen länger, mein Herr!"

„Stefan, was meinst du, wie viele Kilometer
es noch bis zum Eiffelturm sind?"
„Dreieinhalb", antwortet Stefan.
„Das hast du aber vor einer Stunde auch
schon gesagt!"
„Ja, glaubst du etwa, ich ändere so schnell
meine Meinung?"

Jan und Sabine machen einen Ausflug mit dem
Tandem. „Mensch", klagt Sabine, „ich habe ganz
vergessen, wie anstrengend Fahrradfahren ist!"
„Ja", keucht Jan, „ich musste auch ständig bremsen,
damit ich dir nicht hinten reinfahre!"

Tine und Jule erzählen von ihren Ferien.
„Bei uns war es so heiß, dass man schon nach
einer halben Stunde einen Sonnenbrand hatte",
erklärt Jule.
Darauf sagt Tine: „Das ist doch gar nichts. Bei
uns war es so heiß, dass wir den Hühnern Eis
geben mussten, sonst hätten sie doch glatt
Spiegeleier gelegt."

Fragt ein Mann einen Taxifahrer: „Was kostet es,
wenn Sie mich zum Bahnhof fahren?"
„Zehn Euro."
„Und die beiden Koffer?"
„Die kosten nichts extra."
„Gut. Dann fahren Sie doch bitte die Koffer zum
Bahnhof. Ich gehe zu Fuß."

Wer ist stets in seinem Bett und doch
immer unterwegs?
Der Fluss.

Völlig außer Atem steigt ein Mann in ein Taxi.
„Schnell! Bringen Sie mich zum Flughafen! Ich muss
den Flieger nach Paris noch erwischen!"
Da sagt der Taxifahrer: „Das werden wir nicht schaf-
fen. Die Maschine nach Paris ist immer pünktlich."
„Heute nicht", antwortet der Fahrgast. „Ich bin der
Pilot."

An der Grenze soll ein Mann seinen Papagei verzollen. „Papagei lebendig: 400 Euro, ausgestopft: 40 Euro", liest der Grenzbeamte vor. Darauf der Papagei: „He, Leute, macht jetzt keinen Quatsch!"

Hans und Franz liegen an einem Badesee. Plötzlich steht ein Mann hinter ihnen und schimpft: „Könnt ihr nicht lesen? Hier steht: Zutritt verboten!" Da meint Franz kleinlaut: „Aber wir sind doch nur zu zweit ..."

Ein Passagier zeigt am Check-in-Schalter sein Flugticket nach Ägypten und sagt: „Meine Koffer schicken Sie bitte nach Griechenland und die Reisetasche nach Paris!" Der Mitarbeiter sagt überrascht: „So etwas geht aber nicht!" „Wirklich?", fragt der Passagier. „Und warum ist mir das dann beim letzten Mal passiert?"

Ein Mückenkind besucht zum ersten Mal allein den Strand. Als es abends nach Hause kommt, fragt die Mutter: „Und, wie war's?" „Klasse!", sagt das Mückenkind. „Alle haben geklatscht, als ich gekommen bin!"

„Ist das Ihr Sohn, der mit meinem Strandhut
Sand holt?"
„Nein! Meiner testet gerade, ob Ihr Handy auch
unter Wasser funktioniert."

Ein Tausendfüßer trifft in den Bergen einen Hasen
auf Skiern. „Ach", seufzt der Tausendfüßer, „ich
würde auch so gern mal Ski fahren. Aber bis ich
mir die Skier angezogen habe, ist der Winter längst
vorbei …"

In der Jugendherberge:
„Der Kaffee schmeckt heute wie Spülwasser!"
„Das ist doch Tee!"
Da tönt es aus der Küche:
„Noch jemand Kakao?"

Die eitle Carolin erzählt ihrer Freundin nach den
Ferien: „Du kannst dir gar nicht vorstellen, wie ich
umschwärmt wurde!"
„Ja ja, wir hatten hier auch eine nervige Mücken-
plage."

Ein Tourist zur Dame an der Hotelrezeption:
„Ein Einzelzimmer, bitte."
„Möchten Sie eines mit Bad oder eines mit
Dusche?", möchte die Dame wissen.
Der Mann erkundigt sich:
„Was ist denn der Unterschied?"
Die Empfangsdame daraufhin pikiert:
„Unter der Dusche müssen Sie stehen."

✚ Ein Wal und ein Thunfisch machen Urlaub.
„Was wollen wir tun, Fisch?", fragt der Wal.
„Du hast die Wahl", sagt der Thunfisch.

Sagt ein Eisbär zum anderen:
„Du, ich wandere in zwei Wochen nach
Australien aus."
Fragt der andere:
„Warum denn das?"
„Ach, ich will mich in die Sonne legen und
ein Braunbär werden."

Zwei Wanderer werden plötzlich von einem Wolf
bedroht. Da reißt sich der eine die Wanderschuhe
von den Füßen und schlüpft in seine Sportschuhe.
„Was machst du denn da? So bist du doch auch
nicht schneller als der Wolf!", fragt der andere.
„Das muss ich auch nicht! Hauptsache, ich bin
schneller als du!"

In einem überfüllten Reisebus raunt ein Fahrgast seinem Nachbarn zu: „Ich will Ihnen was verraten: Ich fahre heute schwarz!" Raunt der andere zurück: „Ich sag Ihnen auch was – ich bin Kontrolleur!"

Einige Wanderer gehen an einer tiefen Schlucht vorbei. „Als wir das letzte Mal hier waren, ist unser Reiseführer dort hinuntergefallen", berichtet eine Dame ganz nebenbei.
Ein Mann erwidert entsetzt: „Oje, das ist ja schrecklich. Wie können Sie das denn so gefühllos erzählen?"
„Ach, das Buch war schon sehr alt. Es war eh nicht mehr aktuell."

Elefant und Maus sind im Freibad. Sagt die Maus: „Geh du zuerst ins Wasser!" Antwortet der Elefant: „In Ordnung, aber nicht schubsen!"

Familie Meier macht Urlaub am See. Sie werden jeden Abend von Mücken geplagt. Eines Abends sieht Herr Meier Glühwürmchen und denkt sich: „Mist, jetzt suchen die Viecher schon mit Taschenlampen nach uns."

Fragt der französische Austauschschüler
seinen deutschen Freund: „Ist geschlagen und
geprügelt eigentlich dasselbe?"
„Ja, warum fragst du?"
Darauf der Franzose:
„Weil die anderen mich immer auslachen, wenn
ich sage, es hat 12 Uhr geprügelt!"

„Wir brauchen dieses Jahr gar nicht ans Meer zu
fahren", sagt Herr Tüdelüt zu seiner Frau.
„Und warum nicht?", erkundigt sich diese.
„Ach, in meiner Brieftasche ist Ebbe und auf meinem Schreibtisch liegt eine Flut von Rechnungen."

Auf dem Weg in die Jugendherberge zieht die
kleine Lena ständig die Nase hoch.
„Ja, hast du denn kein Taschentuch?", fragt
die Lehrerin.
„Doch, aber ausleihen werde ich es Ihnen
nicht!", meint Lena.

Im Strandlokal bestellt Felix zwei Grillhähnchen.
„Das tut mir leid", sagt der Kellner. „Die Hähnchen
sind gerade ausgegangen."
„Und wann kommen sie wieder?"

Petra sitzt in London in einem Café und isst
Kuchen. Der Kellner kommt, will abräumen und
fragt: „Are you finish?"
Worauf Petra antwortet: „No, I am german."

Zwei Sandkörner laufen durch die Wüste.
Sagt das eine zum anderen:
„Du, ich glaube, wir werden verfolgt!"

Eine alte Frau macht eine Reise mit dem Schiff.
Nach dem ersten Tag auf See fragt ein Steward:
„Gefällt es Ihnen auf unserem Schiff?"
„Ja, sehr!", sagt die Frau und deutet auf das
Bullauge. „Vor allem der Schrank. Was da alles
reinpasst ..."

Der Hotelchef hört, wie der neue Portier telefoniert:
„Nein, das haben wir nicht. Ganz bestimmt nicht.
Und das kriegen wir auch in den nächsten Tagen
nicht." Da reißt der Chef ihm den Hörer aus der
Hand und ruft ins Telefon:
„Natürlich, das haben wir, und das werden wir auch
morgen haben. Und wenn es nicht reicht, besorgen
wir mehr davon." Dann flüstert er dem Portier zu:
„Man sagt nie zu den Gästen, dass etwas nicht da
ist, du Trottel! Was will der Mann überhaupt?"
„Er fragt, ob wir schlechtes Wetter haben."

Ein Reisender fragt den Schaffner:
„Wie lange hält der Zug?"
Der Schaffner überlegt kurz:
„Bei guter Pflege 25 Jahre."

Ein Sommerurlauber fragt einen alten Tiroler:
„Regnet es bei euch denn immer?"
„Nein, manchmal hagelt oder schneit es auch."

Ein Mann sitzt im Reisebus und benimmt sich
merkwürdig: Er nimmt eine Banane, zuckert
sie und wirft sie zum Fenster heraus. Das geht
so weiter, bis der Herr gegenüber fragt:
„Warum tun Sie das? Das ist doch Verschwen-
dung, all die Bananen wegzuwerfen!"
Darauf der Mann: „Ja, ich weiß, aber ich mag
nun mal keine gezuckerten Bananen!"

Familie Droschke fährt in die Ferien. Auf der Auto-
bahn stellt Vater Droschke das Radio an:
„Achtung! Bitte fahren Sie am äußeren rechten
Fahrbahnrand und überholen Sie nicht! Es kommt
Ihnen ein Falschfahrer entgegen."
„Einer?", fragt Herr Droschke empört. „Das sind
doch Hunderte!"

Am Hotelbuffet fragt der Kellner einen Gast:
„Und, wie fanden Sie Ihre Forelle?"
„Ich musste nur ein wenig den Salat anheben
und da war sie schon!"

Sagt der Bauer zu seinem Urlaubsgast:
„Bei uns auf dem Land weckt uns der Hahn."
„Sehr gut, dann stellen Sie ihn doch bitte auf
elf Uhr!"

Eine Reisegruppe steht am Rand eines Vulkans
und schaut in die Tiefe.
„Das sieht ja aus wie die Hölle!", sagt einer.
Ein anderer ist erstaunt: „Wo Sie schon überall
waren!"

Julian hat sich im Ferienort verlaufen. Unsicher
fragt er einen Einheimischen: „Verzeihen Sie, ich
bin fremd hier ..."
Darauf der Einheimische: „Ich verzeihe Ihnen!"

Zwei Nachbarinnen unterhalten sich am
Gartenzaun.
„Dein Mann sagt, ihr reist dieses Jahr doch
nicht nach Spanien?"
„Nein, das ist falsch. Nicht nach Spanien sind
wir im letzten Jahr geflogen. Diesen Sommer
reisen wir nicht nach Schweden!"

Zwei Männer sitzen sich im Zug nach Holland gegenüber. Da spuckt der eine dem anderen genau am Ohr vorbei. Er sagt: „Gestatten, Artur Pfiffikus, Kunstspucker!"
Der andere Mann spuckt ihm daraufhin genau ins Gesicht und meint: „Gestatten, Roland Meier, Anfänger."

Zwei Eskimos kommen nach langer Reise zurück nach Hause. Plötzlich ruft der eine Eskimo erschrocken: „Wo ist denn dein Iglu geblieben?"
Sagt der andere: „Oh nein, ich habe wohl mein Bügeleisen angelassen!"

Ein junges Ehepaar verbringt seine Hochzeitsreise in Venedig. Es gefällt ihnen sehr gut und der Ehemann fotografiert fleißig alle Sehenswürdigkeiten. Die Frau ist langsam genervt von der ganzen Knipserei. Auf einer Brücke treffen sie einen Künstler, der ein Bild auf seiner Staffelei malt. Das Pärchen bleibt stehen und schaut dem Maler eine Weile zu. Da meint der Ehemann zu seiner Frau: „Siehst du, so muss sich nun einer plagen, wenn er seinen Fotoapparat daheim gelassen hat!"

NOCH MEHR WITZE:

ISBN 978-3-649-61482-1

WITZE IM HOSENTASCHENFORMAT:

ISBN 978-3-649-62577-3

ISBN 978-3-649-62578-0

ISBN 978-3-649-62579-7

ISBN 978-3-649-62580-3

Überall im Handel erhältlich oder unter
www.coppenrath.de